CATALOGUE SOMMAIRE

DES

MANUSCRITS INDIENS

INDO-CHINOIS & MALAYO-POLYNÉSIENS

PAR

A. CABATON

Ancien membre de l'École française d'Extrême-Orient,
Chargé de cours à l'École des Langues orientales vivantes.

PARIS
ERNEST LEROUX, ÉDITEUR
28, RUE BONAPARTE, VIᵉ

—

1912

CATALOGUE SOMMAIRE

DES

MANUSCRITS INDIENS

INDO-CHINOIS & MALAYO-POLYNÉSIENS

DE LA BIBLIOTHÈQUE NATIONALE

ANGERS, IMPRIMERIE ORIENTALE A. BURDIN ET Cⁱᵉ, 4, RUE GARNIER.

CATALOGUE SOMMAIRE

DES

MANUSCRITS INDIENS

INDO-CHINOIS & MALAYO-POLYNÉSIENS

PAR

A. CABATON

Ancien membre de l'École française d'Extrême-Orient,
Chargé de cours à l'École des Langues orientales vivantes.

PARIS

ERNEST LEROUX, ÉDITEUR

28, RUE BONAPARTE, VIᵉ

1912

INTRODUCTION

Le présent catalogue sommaire a été commencé en mars 1903. Jusqu'alors les lecteurs de la Bibliothèque nationale devaient consulter pour les divers fonds de l'Inde ou de civilisation indienne des catalogues manuscrits, incomplets et de valeur inégale, qui ne pouvaient donner qu'une idée insuffisante de cette précieuse collection.

C'est alors que me fut confié le soin de mettre ces fonds en ordre et de rédiger pour chaque manuscrit une brève notice, aussi exacte que possible, qui en permît la consultation sûre et rapide, en attendant les descriptions plus détaillées qui seraient entreprises dans la suite. Sans me dissimuler les difficultés de cette tâche délicate, je me mis à la besogne, persuadé que si je parvenais au moins à offrir au milieu de ce chaos un premier fil conducteur, je me serais rendu digne de l'honneur qui m'était fait.

La première partie de ce catalogue sommaire renferme les manuscrits *sanscrits*. Elle s'ouvre par la description des textes bouddhiques que M. A. Foucher, avec sa compétence particulière, a bien voulu revoir. Les notices des manuscrits de littérature brahmanique, si riche en ouvrages sur la religion, la philosophie, la poésie et la philologie indiennes, ont été obligeamment vérifiées sur les manuscrits par M. S. Lévi. M. L. Finot a pris la peine de relire les épreuves du deuxième fascicule, consacré aux manuscrits *pālis* et rédigé avec l'appoint des notes du savant et modeste Léon Feer. Je leur en adresse ici tous mes remerciments.

Les manuscrits en langues vulgaires de l'Inde formaient le fonds unique appelé « Fonds *indien* ». J'ai pu m'aider, pour le décrire, d'une liste provisoire, établie en 1864, par M. Michel Bréal, ce qui suffit à la recommander, et de l'excellent catalogue tamoul, télinga et malaya que M. Julien Vinson avait préparé dès 1867 et dont une bonne partie a été imprimée. Un de mes élèves, le P. Caius, de la Mission du Maduré, a mis la meilleure grâce à examiner, à ma demande, quelques manuscrits tamouls entrés depuis peu à la Bibliothèque nationale.

En ce qui concerne le Fonds *indo-chinois*, on a jugé commode de réunir en cette seule série, géographique et non linguistique, les ouvrages birmans, cambodgiens, chams, laotiens, lolos et siamois. Si je me suis occupé seul des manuscrits khmèrs et chams, j'ai tiré parti de mon mieux des notes du P. Chevillon et du P. F.-X. Tessier sur les manuscrits birmans et siamois. Le colonel G.-E. Gerini, qui connaît si bien le Siam, m'a donné aussi d'utiles indications Les notices laotiennes sont celles de M. A. Pavie ou de M. Feer ; une d'entre elles a pour auteur M. P. Petithuguenin, consul à Bangkok.

Enfin, pour les manuscrits *malayo-polynésiens*, qui rentraient dans le cadre de mes études habituelles, je suis heureux de remercier trois savants de Leyde : M. le professeur Ch.-A. van Ophuijsen pour ses informations relatives aux textes bataks ; MM. les Drs H.-H. Juynboll et Hoesein Djajadiningrat, qui ont eu la complaisance d'examiner et de décrire plusieurs manuscrits kawis et javanais dont l'identification me laissait hésitant.

Au milieu de tant d'idiomes et d'alphabets divers, malgré un travail assidu, les soins que j'ai pris et tous les ouvrages de références auxquels j'ai eu recours, je n'oserais me flatter de n'avoir pas péché plus d'une fois par erreur ou omission. J'en demande pardon aux spécialistes. J'ai du moins l'espoir qu'ils rendront hommage à ma bonne foi et que, malgré ses imperfections inévitables, mon catalogue sommaire leur sera de quelque utilité. Je ne saurais souhaiter de meilleure récompense.

Antoine CABATON.

Paris, 6 juin 1912.

CATALOGUE SOMMAIRE

DES

MANUSCRITS INDIENS

DE LA

BIBLIOTHÈQUE NATIONALE

I

MANUSCRITS TAMOULS ET TÉLINGAS [1]

---

1 (Tamoul 1.)

Atluvædân'ubavam.

1835. 42 olles de 250 × 35 mm. (Ariel.)

2 (Tamoul 2.)

Saṅgat'panirâkaraṇam.

1780. 139 olles de 330 × 25 mm.

3 (Tamoul 3.)

Kêdâriyamman'virudam.

22 olles de 435 × 25 mm. (Ariel.)

---

(1) Rédigé d'après les notices de MM. Julien Vinson et Léon Feer.

4 (Tamoul 4.)

Viradam irandu.

1. *Râmadêvarpûsâvidi.* — **2.** *Nâtkarana ubadêsam.*

1840. 45 et 9 olles de 270 × 30 mm. (Ariel.)

5 (Tamoul 5.)

Viradam mûn'd'u.

1. *Manôn'man'iyandâdi.* — 2. *Vinâyagarudæyamûlâdarat-tin'udæya uyir.* — 3. *Mandirac'c'illaræ.*

59 olles de 180 × 30 mm. (Ariel.)

6 (Tamoul 6.)

Viradam mûn'd'u.

1. *Sidambara sakkaram.* — 2 et 3. *Sillar'æ irandu.*

35 olles de 265 × 30 mm. (Ariel.)

7 (Tamoul 7.)

Saundaralagari.

1850. Papier. In-4°, 82 pages. (Ariel.)

8 (Tamoul 8.)

Saundariyalagari.

1820. 92 olles de 230 × 30 mm. (Ariel.)

9 (Tamoul 9.)

Viradam nân'gu.

1. *Varâgimâlæ sillar'æ.* — 2. *Saundariyalagarisakkarat-tôdu.* — 3. *Nittânubudivilakkam.* — 4. *Suppiramâniyar abi-dêgamâlæ.* — [5. ms. non mentionné sur le titre : *Ânanda alagiri pâdal.*]

1830. 98 olles de 340 × 25 mm.

10 (Tamoul 10.)

Viradam ændu.

1. *Sidambara sakkaram.* — 2. *Pôganâdarpûsâvidi.* — 3. *Konganarpûsâvidi.* — 4. *Konganasuvâmipâḍal.* — 5. *Varâgi-malæmûlamandiram.*

1795. 52 olles de 285 × 30 mm. (Ariel.)

11 (Tamoul 11.)

Viradam âr'u.

1. *Tévipûsâvidi.* — 2. *Amirdakaṭpûsâvidi.* — 3. Même ouvrage qu'au n° précédent, 3. — 4. *Mac'c'amundiṭsæ.* — 5. *Mandiram.* — [6. Manque.]

xviii° s. 56 olles de 155 × 30 mm.

12 (Tamoul 12.)

Çivadarumôttirakâviyam.

1770. 373 olles de 450 × 25 mm. (Ariel.)

13 (Tamoul 13.)

Même ouvrage.

1750. 375 olles de 320 × 35 mm. (Ariel.)

14 (Tamoul 14.)

Même ouvrage, avec commentaire.

1730. 282 olles de 400 × 40 mm. (Ariel.)

15 (Tamoul 15.)

I. *Ârâttiyasaridæ.*

II. *Sittândasigâmaṇi.*

1845. 89 et 86 olles. 355 × 35 mm. (Ariel.)

16 (Tamoul 16.)

Vîraçævaniṣṭân'ubûdi.

1810. 24 olles de 130 × 35 mm. (Ariel.)

17 (Tamoul 17.)

Viraçævatattuvappir'agâsam.

70 olles de 470 × 40 mm. (Ariel.)

18 (Tamoul 18.)

I. *Çivappiragâsakkur'untiraṭṭu.*
II. *Magâvâkkiyam.*

1775. 185 olles de 380 × 25 mm. (Ariel.)

19 (Tamoul 19.)

Vîraçævam 4.

1. *Paramaragasiyac'c'aḍattalam.* — 2. Même ouvrage
qu'au n° 17. — 3. *Malligârc'c'un'amalæ.* — 4. *Vasavaṇṇar-
vasan'am.*

1780. 75 olles de 350 × 30 mm. (Ariel.)

20 (Tamoul 20.)

Tattuvam 2.

1. *Ñân'adîkṣæmuræ.* — 2. *Sivappir'agâsakkaṭṭalæ.*
1825. 95 olles de 200 × 20 mm. (Ariel.)

21 (Tamoul 21.)

Sævam mûn'd'u.

1. *Têvâram.* — 2. *Pâḍutur'æ.* — 3. *Vañjandîsvarattôttiram.*
96 olles de 200 × 350 mm. (Ariel.)

22 (Tamoul 22.)

I. *Sivakkiyân'apôdagam.*

II. *Sivañân'asittiyârsubakṣauræ.*

60 et 139 olles de 400 × 25 mm. (Ariel.)

23 (Tamoul 23.)

I. Même ouvrage qu'au n° 22, 2.

II. *Sivatôttiram.*

III. *Pûdipôdakâraṇakâriyakaṭṭaḷæ.*

IV. *Yugakaṭṭaḷæ.*

V. *Uṇmænér'iviḷakkam.*

VI. *Saṅgarânandakkaḷippu.*

VII. *Sôban'appâṭṭu.*

1775. 84 olles de 365 × 25 mm. (Ariel.)

24 (Tamoul 24.)

I. Même ouvrage qu'au n° 20, 2.

II. *An'ubavasûttiram.*

III. Même ouvrage qu'au n° 15, II.

IV. *Sivappiragâsavigâsam.*

V. *Vêdântasûḷâmaṇi.*

VI. *Vivêgasindâmaṇi.*

135 olles de 470 × 50 mm. (Ariel.)

25 (Tamoul 25.)

Vêdântam padin'éṭṭu.

1. Même ouvrage qu'au n° 22, I. 13 olles. — 2. *Sivakkiyâ-n'asittiyâr.* 74 olles. — 3. *Parapaṭsamsubaṭsam.* 19 olles. — 4. *Sivappiragâsamûlam.* 17 olles. — 5. Même ouvrage qu'au n° 2. 6 olles. — 6. *Irupâvirubagdumûlam.* 2 olles. — 7.

Máyáppiralábamúlam. 3 olles. — 8. *Sivánubúdivilakkamú-
lam.* 3 olles. — 9. *Sivánuhôgavilakkamúlam.* 4 olles. — 10.
Même ouvrage qu'au n° 23, V ; commentaire. 12 olles. —
11. *Sivapôyasáramúlam.* 14 olles. —12. *Têvikálôttiramúlam.*
9 olles. — 13. *Tirukkalit't'uppadiyármúlamumuræyum.*
46 olles. — 14. *Sivánandamálæ.* 36 olles. — 15. *Sarvakki-
ñánottinamúlam.* 15 olles. — 16. *Unmævilakkamúlam.*
6 olles. — 17. *Tiruvarutpayan'.* 5 olles. — 18. *Ñán'adîtsæ.*
26 olles. — 19. *Dasakáriyam.* 38 olles.

3/40 olles de 390 X 30 mm. (Ariel.)

26 (Tamoul 26.)

]*Vêdânta mûn'd'u.*

1. Même ouvrage qu'au n° 22, I. — 2. *Vayirágatibam.* —
3. *Padipasupásavilakam.*

1830 (première parlie), 1775 (seconde partie). 41 olles de 340 X 30 mm.
(Ariel.)

27 (Tamoul 27.)

Virasævasástiram.

1. *Misir'át'panam.* — 2. *Akkamádêvisirutti.* — 3. *Pañjika-
ranam* (pour *Pañjak°*). — 4. *Sar'uvâsárattalam.* — 5. *Abidê-
gamálæ.*

1785 et 1845. 102 olles de 340 X 20 mm. (Ariel.)

28 (Tamoul 28.)

Vê 60.

1. *Tattuvámirdam.* — 2. *Aññánavadæparani.* — 3. *Tiru-
vundiyár.* — 4, 5, 6, 7, 8. Mêmes ouvrages qu'aux n°s 25,
13 ; 22, I ; 25, 4 ; 26, 16 ; 25, 6. — 9. *Tiruvarutpayan'.* —
10. Même ouvrage qu'au n° 2. — 11. *Vîn'ávénbá.* — 12.
Nêñjuvidutúdu. — 13. *Pôt't'ippagr'odævénbá.* — 14. *Tirup-
pánát't'uppadæ.* — 15. *Púsákáranam.* — 16. *Tattuvavilak-*

kam. — 17. *Uṇmæppayaṉ'agaval.* — 18. *Ñâṉ'asukâdîdam.* — 19. *Pañjâkkarakkur'aḷ.* — 20. *Ñânapûsæ.* — 21. *Ñânasâram.* — 22. *Tiruñânasâgaram.* — 23, 24, 25. Mêmes ouvrages qu'aux n°s 25, 2 ; 25, 4 ; 25, 16. — 26. *Sittambalanâḍi* 3. — 27. *Mukkâlattirqṅgal.* — 28. *Sivânandamâlæ.* — 29. Même ouvrage qu'au n° 28, 12. — 30. *Pañjadikkâram.* — 31. *Tiruñânasâgaram.* — 32. *Kur'aḷsillar'æ.* — 33. *Ñânavammâṉ'æ.* — 34, 35. Mêmes ouvrages qu'aux n°s 25, 13 ; 28, 28. — 36. *Ñânamaṇimâlæ.* — 37. *Tirumandiramâlæ.* — 38. *Sivavâkkiyam.* — 39, 40. Mêmes ouvrages qu'aux n°s 28, 3 ; 25, 13. — 41. *Ojiviloḍukkam.* Voir le n° 70. — 42. *Palavagæc'c'éyyuḷ.* — 43. *Tirumûlaragaval.* — 44. *Piḷḷæyâragaval.* — 45. *Vinâyagariraṭṭæmaṇimâlæ.* — 46. *Tirumurugâṭ'ṭ'uppaḍæ.* — 47. *Paṭṭaṉ'attuppiḷḷæpâḍal.* — 48. *Tugaḷar'upôdam.* — 49. *Ñânavaṇṇam.* — 50. *Pûdâdikaṇḍappattu.* — 51. — *Nâmaṉ'ḍṭṭappattu.* — 52. *Kuruvar'iviḷakkam.* — 53. *Âr'ivânandapp'attu.* — 54. *Téḷivuṇmæpôdam.* — 55. *Soṭ'kéṭṭamâlæ.* — 56. *Ubadêsamâlæ.* — 57. *Tiruvaḍiviḷakkam.* — 58. *Sôḍisêrviḷakkam.* — 59. *Pañjamugac'c'akkaram.* — 60. Manque.

356 olles de 315 × 40 mm. (Ariel.)

29 (Tamoul 29.)

Iǵ'du vê 11.

1. Même ouvrage qu'au n° 25, 12. — 2. *Muttinér'iviḷakkam.* — 3. Même ouvrage qu'au n° 25, 13. — 4. *Tagaraviṭṭæ.* — 5. *Samâdisarukkam.* — 6. *Sarvañânôttaram.* — 7, 8. Mêmes ouvrages qu'aux n°s 20, 2 ; 25, 17. — 9. *Kur'aḷsillar'æ.* — 10, 11. Mêmes ouvrages, mais avec commentaire, des n°s 20, 2 ; 25, 2.

1760. 388 olles de 280 × 55 mm. (Ariel.)

30 (Tamoul 30.)

Sævam nân'gu.

1. *Kandaranddâdiyuræ.* — 2. *Piḷḷæyâragaval.* Manque. — 3. *Saranavaṇapavan'atôttiram.* Manque. — 4. *Tiruppâdiri-vénba orusot'palaporuḷalaṇgâravuræ.*

73 olles de 290 × 30 mm. (Ariel.)

31 (Tamoul 31.)

Vêdântam iraṇḍu.

1. *Uḍalkûr'uviḷakkam tattuvakkaṭṭaḷæ.* — 2. *Auvækur'aḷ.*
58 olles de 270 × 25 mm. (Ariel.)

32 (Tamoul 32.)

Vêdântam 2.

1, 2. Mêmes ouvrages qu'aux nᵒˢ 31, 2 et 20, 2.
146 olles de 200 × 35 mm. (Ariel.)

33 (Tamoul 33.)

Vêdântam mûn'd'u.

1. *Koṅgaṇar ñân'am.* — 2. *Pûrâṇamâlæ.* — 3. Même ouvrage qu'au nᵒ 26, 3.
50 olles de 300 × 30 mm. (Ariel.)

34 (Tamoul 34.)

Vêdântam 4.

1. *Tirumandirattiraṭṭu.* — 2. *Ar'ivânandasittiyâr.* — 3. *Vêdântasorubânandam.* —4. Même ouvrage qu'au nᵒ 28, 28.
261 olles de 405 × 35 mm. (Ariel.)

35 (Tamoul 35.)

Védântam 9.

1, 2. Mêmes ouvrages qu'aux n°s 28, 1 et 12. — 3. *Kodik-kavi.* — 4. Même ouvrage qu'au n° 25, 16. — 5. *Sarakkuru-pâdam.* — 6. *Pañjâtsarakkalappam.* — 7. *Kappar'æmahâttu-miyam.* — 8, 9. Même ouvrage qu'aux n°s 28, 3 et 24, 5.

35 olles de 270 × 40 mm. (Ariel.)

36 (Tamoul 36.)

Védântam 4.

1. *Sén'n'ac'c'akkaram.* — 2. *Ñân'anûl.* — 3. *Nâdândavisâ-ram.* — 4. *Pañjakkarakkur'i.*

1780. 113 olles de 210 × 25 mm. (Ariel.)

37 (Tamoul 37.)

Védântam êju.

1. *Kâlæyêr'isittarpâdal.* — 2. *Nânayêt't'appâdal.* — 3. *Ku-runâdisûttiram.* — 4. *Ñân'anûl.* — 5. *Éjuvagættôttiram.* — 6. *Nâdândatur'avukôl.* — 7. *Ar'ivuvilakkam.*

1845. 78 olles de 180 × 35 mm. (Ariel.)

38 (Tamoul 38.)

Védântam mûn'd'u.

1. Même ouvrage qu'au n° 23, 6. — 2. *Sadânandakkalittu-r'æ.* — 3. *Ñân'asindu.*

1845. 80 olles de 165 × 25 mm. (Ariel.)

39 (Tamoul 39.)

Védântam 5.

1. *Sivayôgatîbigadigæ.* — 2. *Nîrâlambavubanic'c'adam.* —

3. *Suvudîsâram*. — 4. *Magâvâkkiyadéçakariyaḍîgæ*. — 5. *Jî-
vâtmâ*.

113 olles de 230 × 25 mm. (Ariel.)

40 (Tamoul 40.)

Vêdântam éju.

1. *Tirumandiravuræ*. — 2. *Sittândasurukkam*. — 3. *Pañjaṣ-
ṣaravuṇmæ*. — 4. *Pañjaṣṣaragurppam*. — 5. *Ubadêsasittân-
dakkaṭṭaḷæ*. — 6. *Munimoji*. — 7. *Mahâvâkkiyavivaram*.

≃ 1740. 70 olles de 170 × 30 mm. (Ariel.)

41 (Tamoul 41.)

Vêdântam 4.

1. *Yôgamâlæ*. — 2. *Kaḍavuḷandâdi*. — 3. Même ouvrage
qu'au n° 37, 6. — 4. *Soc'c'îtânandaviḷakkam*.

89 et 63 olles de 135 × 30 mm. (Ariel.)

42 (Tamoul 42.)

Vêdântam ændu.

1. Même ouvrage qu'au n° 39, 3. — 2. *Rômariṣisûttiram*.
— 3. *Ñânôbadêsam*. — 4. *Min'ñânam*. — 5. *Ñan'akkummi*.

1830. 87 olles de 150 × 30 mm. (Ariel.)

43 (Tamoul 43.)

Vêdântam 9.

1. *Kævalliyam*. — 2. *Sorubânandavubaniḍadam*. — 3. *Tom-
badam*. — 4. *Surudisâram*. — 5. *Nirâlambavupaniḍadam*.
— 6. *Nân'âjîvavâdakkaṭṭaḷæ*. — 7. *Sâdan'asaduṣṭayam*. —
8. *Sattapiragaraṇam*. — 9. *Sumâdippaḍalam*.

1820. 140 olles de 240 × 30 mm. (Ariel.)

44 (Tamoul 44.)

I. *Pañjadisappir'agaraṇam.*
II. *Pir'amân'ubavavivêgamuttiram.*
III. Même ouvrage qu'au nᵒ 43, 6.

1830. 214 olles de 405 × 30 mm. (Ducler.)

45 (Tamoul 45.)

Hari ôm.
Pañjadisappir'agaraṇam.

135 olles de 240 × 35 mm., ais en ébène. (Burnouf.)

46 (Tamoul 46.)

Vêdântam 7.

1. *Tirumandiramûlæ.* — 2. *Tirumandiravuræ.* — 3 et 4.
Sivan'ukkusuppiramaṇiyarubadêsañson'n'adu 2 uræ. — 5, 6
et 7. — *Nâdandattir'avukol 3.* — 8. *Uc'c'ipattu.*

258 olles de 410 × 35 mm. (Ariel.)

47 (Tamoul 47.)

Tiruvaḷḷuvarkur'aḷ.

1790. Papier, in-18, 268 feuillets.

48-50 (Tamoul 48-50.)

Tiruvaḷḷuvarkur'aḷukkupparimêlajugaruræ.

1830. Trois manuscrits, comprenant ensemble 360 olles de 390 × 30
mm. (Ariel.)

51 (Tamoul 51.)

Même ouvrage, même commentaire.

La première olle, porte le titre suivant, gravé au stylet, en français : « Courale dit par Tirouvallouvare, avec explication faite par Parimêlajagare ».

1830. 375 olles de 440 × 35 mm. (Ducler.)

52 (Tamoul 52.)

Tiruvalluvarkur'al.

1830. 133 olles de 290 × 25 mm. (Ducler.)

53 (Tamoul 53.)

Kur'al.

1830. 219 olles de 400 × 35 mm., ais en ébène. (Ducler.)

54 (Tamoul 54.)

Même ouvrage, même commentaire.

1820. 373 olles de 375 × 35 mm. (Burnouf.)

55 (Tamoul 55.)

Kur'alsurukkavuræpaḍam.

295 olles de 360 × 35 mm. (Ariel.)

56 (Tamoul 56.)

Même ouvrage.

Incomplet.

89 olles de 365 × 25 mm. (Ariel.)

57 (Tamoul 57.)

Viramâmun'ivarkur'aḷuræ.

Texte, transcription, traduction et explications détaillées en latin, par Beschi.

1847. Papier. 374 pages. 300 × 220 mm. (Ariel.)

58 (Tamoul 58.)

Kur'al.

Texte et travaux qui s'y rapportent, par Ariel.

1848-1850. Papier. 412 pages. 345 × 230 mm. (Ariel.)

59 (Tamoul 59.)

Nâladinân'ûr'u uræpaḍam.

1702. 67 olles de 395 × 30 mm. (Ariel.)

60 (Tamoul 60.)

Même ouvrage. Commentaire.

1760. 176 olles de 460 × 30 mm. (Ariel.)

61 (Tamoul 61.)

Même ouvrage. Commentaire.

1830. 169 olles de 370 mm., ais en ébène. (Burnouf.)

62 (Tamoul 62.)

Kur'aḷukkupparimêlajagiyaruræsillar'ænâlaḍiyârsillar'æ.

1770. 39 olles de 510 × 25 mm. (Ariel.)

63 (Tamoul 63.)

Avvæpâḍiyañân'akkur'aḷ.

1840. 31 olles de 200 × 35 mm. (Ariel.)

64 (Tamoul 64.)

I. *Âttisûḍi.*

II. *Kon'd'ævêndân'.*

1845. 12 olles doubles de 450 × 20 mm.

65 (Tamoul 65.)

Mêmes ouvrages.

9 olles de 405 × 20 mm.

66 (Tamoul 66.)

Tirumurugat't'uppadæ.

1830. 35 olles de 365 × 30 mm. (Ariel.)

67 (Tamoul 67.)

Même ouvrage.

35 olles de 365 × 30 mm. (Ariel.)

68 (Tamoul 68.)

Bagavargidæ, par Subrahmaṇyaguru.
Chants I-XIII.

1775. 129 olles de 305 × 20 mm. (Ariel.)

69 (Tamoul 69.)

Tâyumân'avarsillar'æ.

1832. 34 olles de 295 × 30 mm. (Ariel.)

70 (Tamoul 70.)

Mûduræ.

10 olles de 450 × 25 mm.

71 (Tamoul 71.)

Ojiviloḍukkam.

353 olles de 220 × 35 mm. (Ariel.)

72 (Tamoul 72.)

Nîdisâram.

1740. 49 olles de 390 × 20 mm.

73 (Tamoul 73.)

Même ouvrage.

1830. 37 olles de 460 × 20 mm.

74 (Tamoul 74.)

I. **Même ouvrage que les deux précédents.**

II. *Tirikaḍugavuræ.*

49 et 46 olles de 440 × 25 mm. (Ariel.)

75 (Tamoul 75.)

Vivêgasdram.

1831. 79 olles de 480 × 30 mm. (Ariel.)

76 (Tamoul 76.)

Ulaganîdi.

1725. 7 olles de 400 × 205 mm.

77 (Tamoul 77.)

Même ouvrage.

1840. 7 olles de 445 × 20 mm.

78 (Tamoul 78.)

Sugirdamaṇimâlæ.

1840. 29 olles de 425 × 20 mm.

79 (Tamoul 79.)

Même ouvrage.

Incomplet.

1840. 13 olles de 475 × 25 mm.

80 (Tamoul 80.)

I. *Nân'manikkadigæ.*

II. Même ouvrage qu'au n° 74, 2.

III. *Nídinér'ivilakkam.*

1760. 65 olles de 430 × 20 mm.

81 (Tamoul 81.)

Mandirisarukkam.

Incomplet.

1770. 230 olles de 380 × 25 mm. (Burnouf.)

82 (Tamoul 82.)

Ñân'avâdiṣṭavasan'am.

117 olles de 455 × 35 mm. (Ariel.)

83 (Tamoul 83.)

I. *Kolæmar'uttal.*

II. Même ouvrage que le n° 82.

302 olles de 375 × 35 mm. (Ariel.)

84 (Tamoul 84.)

Agattiyarar'ulic'c'éydasagalakalækkiyân'am.

1776. 180 olles de 395 × 35 mm. (Ariel.)

85 (Tamoul 85.)

Déṣṣaṇâmûrttinâyan' ârsolliyasagalakalækkiyân' um.

1790. 229 olles de 365 × 35 mm. (Ariel.)

86 (Tamoul 86.)

Puvan' ækalækkiyân' atibam.

1800. 9 olles de 245 × 35 mm. (Ariel.)

87 (Tamoul 87.)

I. *Puvan' ækaṭkam.*
II. *Kaṣppaḍamvagæyar' uppa.*

1830. 43 olles de 185 × 35 mm. (Ariel.)

88 (Tamoul 88.)

Uḷḷamuḍæyân'.

1700. 170 olles de 330 × 25 mm. (Ariel.)

89 (Tamoul 89.)

Même ouvrage.

1835. 77 olles de 365 × 30 mm. (Ariel.)

90 (Tamoul 90.)

Même ouvrage, fragments et extraits.

18 olles de 460 × 40 mm. (Ariel.)

91 (Tamoul 91.)

Uḷḷamuḍæc' c' ûḍâmaṇi.
Même ouvrage que les précédents.

1828. 178 olles de 430 × 35 mm. ais en ébène. (Ariel.)

92 (Tamoul 92.)

Hari ôm kir'agasindâmaṇi, par Vîmîçvara.

1828. 126 olles de 33o × 3o mm. (Ducler.)

93 (Tamoul 93.)

Sandaṇakkôr'aḍu.

74 olles de 2ıo × 25 mm. (Ariel.)

94 (Tamoul 94.)

Saranûl, par Sadâçiva.

184o. 27 olles de ı3o × 35 mm. (Ariel.)

95 (Tamoul 95.)

Même ouvrage.

ı85o. 27 olles × 3o mm (Ariel.)

96 (Tamoul 96.)

Sâmuttirigæpalâbalan' .

ı85o. ı4 olles de 225 × 25 mm. (Ariel.)

97 (Tamoul 97.)

Sôdiḍam iraṇḍu.

1. *Kumarasuvâmiyam.* — 2. *Sar'uvârttasindâmaṇi.*

17 juillet ı832. ı95 et 8o olles de 335 × 4o mm. (Ariel.)

98 (Tamoul 98.)

Sâstiram âr'u.

1. *Kaḷṣippadalam.* — 2. *Sâr'uladêvisagâyam.* — 3. et 4.
Pañjapaṣṣisarittiram 2. — 5. *Kévuḷi.* — 6. *Râgukâlam.*

ı85o. 73 olles de ı9o˙ × 3o mm.

99 (Tamoul 99.)

Saraḷiputtagam, par Râmasâmi.

14 olles de 33o × 3o mm.

100 (Tamoul 100.)

Agastiyamun'iyaruḷiċ c' éydarâgadam.

1. *Irattin' asurukkam.* — 2. *Vayittiyammûppadu.* — 3. *Vayit-tiyampadin'âr'u.* — 4. *Sadurammunnûr'u.* — 5. *Karumasûs-tiramsaragusutti.* — 6. *Vayittiyam æmbadu.* — 7. *Mûppuvidi.* — 8. *Sittarvéṇbâ.* — 9. *Ègamulisâstiram.* — 10. *Nayan'âdivi-dinûl.*

1828. 2oo olles de 375 × 35 mm. (Ducler.)

101 (Tamoul 101.)

Agattiyar 5.

1. *Pûraṇasûttiram.* — 2. *Dîṣṣâvidi.* — 3. *Năn'am.* — 4. *Vâdasûttiram.* — 5. *Pûsâvidi.*

178o. 236 olles de 29o × 2o mm. (Ariel.)

102 (Tamoul 102.)

Agattiyar 6.

1. *Vættiyam 300.* — 2. *Pat'palavagævættiyam.* — 3. *Paṣṣiṇi.* — 4. *Aṣṭakarmam.* — 5 et 6. Mêmes ouvrages qu'aux n°s 101, 2 et 5.

18oo. 166 olles de 285 × 3o mm.

103 (Tamoul 103.)

Agastiyar ændu.

1 et 2. Mêmes ouvrages qu'aux n°s 101, 2 et 5. — 3. *Kar-masûttiram 150.* — 4. *Kar'uttakujambu.* — 5. *Agastiyako-jambu.*

85 olles de 22o × 3o mm. (Ariel.)

104 (Tamoul 104.)

Agastiyarnân'gu.

1. *Piḷḷæpiṇivâgaḍam.* — 2. Même ouvrage qu'au n° 100, 7.
— 3. *Uṭkarusûttiram.* — 4. *Tâmbarasutti.*

92 olles de 185 × 3o mm. (Ariel.)

105 (Tamoul 105.)

Agastiyar âr'u.

1. *Vâdasûttiram 100.* — 2. *Tur'avukôl.* — 3. *Vâdasûttiram
14.* — 4. *Sûttiram 12.* — 5. Même ouvrage qu'au n° 10, 1. —
6. *Sûttiram 10.*

182o. 94 olles de 175 × 35 mm.

106 (Tamoul 106.)

Agastiyarñân'am.

Incomplet.

13 olles de 28o × 2o mm.

107 (Tamoul 107.)

Agastiyarsûṣtiramkar'makânḍam 30.

72 olles de 275 × 26 mm. (Ariel.)

108 (Tamoul 108.)

Agattiyamunivararulic'c'éydavâyaḍam 1200.

Le ms. ne contient que 1181 strophes.

1799. 169 olles de 42o × 35 mm. (Ariel.)

109 (Tamoul 109.)

Vayittiyam 3.

1. *Agastiyarkur'unûl 600.* — 2. *Suttæmunivarsolliyakat'-
pam.* — 3. *Konganarnâyin'ârsolliyakat'pam*, par Konkaṇa.

178o. 169 olles de 27o × 35 mm. (Ariel.)

110 (Tamoul 110.)

Vayittiyam 2.

1. Même ouvrage qu'au n° 100, 1. — 2. *Vayittiyasillar' æ.*
1840. 131 olles de 245 × 25 mm.

111 (Tamoul 111.)

I. *Agattiyarvayittiyam.*
II. *Pulattiyarsûttiram.*
III. *Éḍakkâṭṭarsûttiram.*
IV. *Agattiyarvayittiyasûttiram.*
82 olles de 365 × 35 mm. (Ariel).

112 (Tamoul 112.)

I. *Agattiyarsurukkam.*
II. *Irunûr' uvagarattiraviyam.*
III. Même ouvrage qu'au n° 106.
IV. *Vayittiyasûttiraviraṇḍulaṭsasurukkam.*
1830. 79 olles de 400 × 25 mm.

113 (Tamoul 113.)

I. *Agattiyatiraṭṭu.*
II. *Tiruppaḷḷiyéjuc'c'i.*
III. *Tiruvajimojitiruvirâgampaṇsâdâri.*
1730. 112 olles de 160 × 30 mm., ais en cuivre peints.

114 (Tamoul 114.)

I. *Vadasûttiramnât'pattéṭṭu.*
II. *Tandagapasan'in'âr'u.*
III. *Vayittiyiraṇattañju.*
IV. *Kujandævâgaḍamkur'ikuṇamar'ivadu.*

V. *Vayittinattin'attiyanambadu.*

VI. *Vâlavâgadam.*

VII. *Agattisâmiyârpadin'âr'u.*

VIII. *Agasttiyasuvâmigalpadin'âr'u.*

IX. *Tayilamur'æsâstiram.*

1740. 214 olles de 390 × 30 mm.

115 (Tamoul 115.)

I. *Vayittiyasindâmani.*

II. *Astanigaranam.*

III. *Agastiyarumakandam.*

1790. 140 olles de 360 × 35 mm. (Ariel.)

116 (Tamoul 116.)

Tan'mandiriyudat'kur'u.

1810. 50 olles de 390 × 25 mm.

117 (Tamoul 117.)

Konganar 2.

1. *Ænnût't'uttirattu.* — 2. *Sûttiram 41.*

1795. 74 olles de 330 × 35 mm.

118 (Tamoul 118.)

I. *Âyiratton'd'uvayittiyappérunûl.*

II. *Asuvanéndisûr'nu.*

1840. 60 olles de 215 × 35 mm. (Ariel.)

119 (Tamoul 119.)

Vayittiyamûn'd'u.

1. *Têræyarvayittiyam.* — 2. *Vayittiyasillar'æ.* — 3. *Karup-
pakkôlin'sûttiram.*

63 olles de 225 × 35 mm. (Ariel.)

120 (Tamoul 120.)

Hari ôm vayittiyasâstiramnâḍinîdânam.

1820. 151 olles de 200 × 25 mm. (Ariel.)

121 (Tamoul 121.)

Vayittiyam ændu.

1. Rômariṣisûttiram 100. — 2. Kayilâyasaṭṭæmun'ikâyakat'-pam. — 3. Tirumûlarsillar' æ. — 4. Mac'c'amun'isillar' æ. — 5. Vayittiyasillar' æ.

78 olles de 175 × 35 mm. (Ariel.)

122 (Tamoul 122.)

Vayittiyam mûn'd'u.

1. Irâmadêvar 50. — 2. Même ouvrage qu'au n° 119, 1. — *3. Vayittiyasillar' æ.*

67 olles de 195 × 30 mm. (Ariel.)

123 (Tamoul 123.)

Padârttakuṇavâgaḍam.

1840. 197 olles de 390 × 30 mm. (Ariel.)

124 (Tamoul 124.)

Même ouvrage.

1835. 78 olles de 350 × 30 mm. (Ariel.)

125 (Tamoul 125.)

Padârttasindâmaṇi.

49 olles de 275 × 30 mm. (Ariel.)

126 (Tamoul 126.)

N'âgaratamilam.

1740. 64 olles de 120 × 35 mm. (De Cossigny.)

127 (Tamoul 127.)

Traité de médecine. Fragment.

3ı olles de 3oo X 5o mm.

128 (Tamoul 128.)

Konganandyan' arséydasâttiram 7.

*1. Séyinîr. — 2. Kat'pasâdan' æ. — 3. Mudal' kándam. —
4. Kadækkándam. — 5. Nadukándam. — 6. Díssâvidi. —
7. Súttiram 100.*

1780. 82 olles de 4o5 X 3o mm. (Ariel.)

129 (Tamoul 129.)

Konganar 2.

1. Púsâvidi. — 2. Kadækkándamsâstiram

1840. 3ı olles de 285 X 3o mm. (Ariel.)

130 (Tamoul 130.)

Konganarkadækkândam.

ı55 olles de 265 X 3o mm. (Ariel.)

131 (Tamoul 131.)

Konganararulic' c' éyda 2.

1. Navakkônarnadukándam. — 2. Kadækkándam.

1790. 2ı4 olles de 365 X 3oo mm. (Ariel.)

132 (Tamoul 132.)

Pôgan' âyan' ârar' ulic' c' éydayéjukándasustiram.

1790. 6ə olles de 365 X 3o mm. (Ariel.)

133 (Tamoul 133.)

Sâstiram nân' gu.

1. *Pôgarsatturumithurusarakkugal.* — 2. *Pasigaramûligæ-
vivaram.* — 3. *Navakkiragasûḍâmaṇi.* — *Kévuḷikâdal.*

1840. 110 olles de 255 × 30 mm. (Ariel.)

134 (Tamoul 134.)

Sâstiram ændu.

1. *Ñân'véttiyân'hat'pamur'æ.* — 2. *Karuvûrârpalatiraṭṭu.*
— 3. *Agastiyartirunaḍan'asûttiram.* — 4. *Pañjarattinapûbadimâlæ.* — 5. *Vayittiyasillar'æ.*

54 olles de 350 × 35 mm. (Ariel.)

135 (Tamoul 135.)

Sâstiram ændu.

1. *Sundaranûl,* attribué à Sundaramûrtti. — 2. *Irâmadê-
varvêdantapaṣṣili,* par Râmadêva. — 3. *Urâmariṣisûttiram
50.* — 4. *Uromarisisuttiram 14.* — 5. *Uromariṣisûttiram 100.*

1780. 67 olles de 285 × 30 mm. (Ariel.)

136 (Tamoul 136.)

Sâstiram 12.

1. *Tisæmugakkuru.* — 2. *Kar'iyuppin'vaḷamæ.* — 3. *Vanga-
rakkaṭṭuc'c'éndûram.* — 4. *Pañjapûdakkattukkuc'c'attumûli-
gækkat'pam.* — 5. *Vir'umavirutsattayilakat'pam.* — 6. *Koṅ-
gampûkat'pam.* — 7. *Tirumûlanâyin'âr ænnût't'uttiraṭṭukku-
r'ippu.* — 8. *Pañjapûdamar'iya.* — 9. *Ñân'avâdanîdivayitti-
yac'c'illar'æ.*

Le ms. ne contient que neuf ouvrages.

1840. 41 olles de 405 × 30 mm. (Ariel.)

137 (Tamoul 137.)

Sâstiram ændu.

1. Même ouvrage qu'au n° 112, 1. — 2. *Tirumûlarvâgadam*.
— 3. *Mulasâram*.

1840. 96 olles de 230 × 30 mm. (Ariel.)

138 (Tamoul 138.)

Dictionnaire pharmaceutique tamoul-maure-télugu.

1850 Papier. 186 pages, 295 × 220 (Ariel.)

139 (Tamoul 139.)

Vâlæparipûraṇam.

Attribué à Agastya.

235 olles de 370 × 30 mm. (Ariel.)

140 (Tamoul 140.)

Histoire naturelle et médecine tamoules, par Ariel.

Papier. 392 pages, 220 × 175 mm. (Ariel.)

141 (Tamoul 141.)

Vocabulaire tamoul d'histoire naturelle, par Ariel.

Papier. 490 pages, 345 × 230 mm. (Ariel.)

142 (Tamoul 142.)

Tamijdarmasâstiram.

Traduction tamoule de la *Smṛti-candrika*.
Papier. 572 pages, 340 × 220 mm.

143 (Tamoul 143.)

Recueil de copies en tamoul.

Horoscopes. — Lettres d'Àn'andaranga (1746). — Traité de
Versailles, de 1783, en tamoul. — Récit historique sur l'Inde.
— Listes de dieux, règles de prosodie, etc.

Papier. 956 pages, 315 × 195 mm. (Ariel.)

144-154 *bis* (Tamoul 144-155.)

Ân'andarangappiḷḷætin'asaridæ.

Journal d'Ânandarangapoullé, courtier (agent général) de la Compagnie française des Indes à Pondichéry (1736-1761). En douze volumes.

1849-1850 et 1901. Papier. 385, 396, 412, 409, 399, 409, 414, 372, 390, 393, 427 feuillets et 260 pages, 350 × 225 mm. (Ariel et Bourgoin.)

155-157 (Tamoul 156-158.)

Tiruvêngaḍapillætin'asaridæ, par Tiruvêngaḍapillæ, fils d'Anandarangapoullé.

En trois volumes.
Suite du journal précédent (1762-1799).

1846-1848. 431, 603 et 44 feuillets, 345 × 225 mm. Papier. (Ariel.)

158 (Tamoul 159.)[1]

Puduṣêvitin'asaridæ an'ubandam.

Tables des ouvrages précédents (nos 144-157).

1849. Papier. 678 pages, 350 × 220 mm. (Ariel.)

160-161 (Tamoul 160-161.)

Radicaux tamouls. Travaux philologiques d'Ariel.

En deux volumes.

Papier. 2 vol. : 532 et 564 feuillets, 345 × 220 mm. (Ariel.)

162 (Tamoul 162.)

Kañji Purâṇa.

Papier. 377 feuillets, 345 × 235 mm. (Ariel.)

---

1. Le nº **159** est devenu le nº **168** (Tamoul 168.).

163 (Tamoul 163.)

Travaux philologiques d'Ariel.

Introduction. Lettres. Notes de grammaire tamoule.
La reliure porte : Société asiatique. Études de M. Ariel.
Langue tamile.

Papier. 395 feuillets, 360 × 235 mm. (Ariel.)

164 (Tamoul 164.)

Bibliographie et archéologie tamoule.

Documents réunis par Ariel.

Papier. 636 pages, 280 × 230 mm. (Ariel.)

165 (Tamoul 165.)

Bibliographie tamoule, par Ariel.

Papier. 568 pages, 275 × 225 mm. (Ariel.)

166 (Tamoul 166.)

Documents historiques, extraits des archives de Pondichéry par Ariel.

Papier. 566 pages, 365 × 235 mm. (Ariel.)

167 (Tamoul 167.)

Traductions et extraits d'ouvrages tamouls, par Ariel.

Papier. 584 pages, 355 × 225 mm. (Ariel.)

168 (Tamoul 168.)

Pâsæ sillar' æ 2.

Papier. Pages 65 à 182 et 215 à 320, 210 × 165 mm. (Ariel.)

169 (Tamoul 169.)

Tolkâppiamûlamûmadigâravuræyum.

2o6 olles de 36o ✕ 3o mm. (Ariel.)

170 171 (Tamoul 170-171.)

Même ouvrage. — Commentaire développé.

En deux volumes.

185o. 5o et 199 olles de 415 à 45o ✕ 3o mm. (Ariel.)

172 (Tamoul 172.)

Même ouvrage. — Commentaire de Nac′c′in′ârkkin′ya.

483 aphorismes, avec table alphabétique.

Papier. Pages xx et 3-612, 2oo ✕ 16o mm. (Ariel.)

173 (Tamoul 173.)

Tolkâppiyam Sên′âvaræyam.

Copie inachevée.

Papier. 3o4 pages, 21o ✕ 16o mm. (Ariel.)

174 (Tamoul 174.)

Nan′n′ûl′pajavuræ.

238 olles de 32o ✕ 25 mm. (Ariel.)

175 (Tamoul 175.)

Même ouvrage, avec le *Çivajñânasuvâmi*, commentaire par Mayilanâda.

249 olles de 425 ✕ 4o mm. (Ariel.)

176 (Tamoul 176.)

Même ouvrage avec un commentaire.

175o? 149 olles de 465 ✕ 3o mm. (Ariel.)

177 (Tamoul 177.)

Même ouvrage, avec un commentaire par Saṅgaraua-
maçivâya.

1820. 279 olles de 43o × 25 mm. (Ariel.)

178 (Tamoul 178.)

Même ouvrage. Commentaire.

183o. 31o olles de 375 × 35 mm., ais en ébène. (Burnouf, 175.)

179-180 (Tamoul 179-180.)

Même ouvrage. Commentaire développé, par Râmanu-
jakavirâya.

En deux volumes.

183o. 165 et 2o3 olles de 4o5 × 35 mm. (Ducler.)

181 (Tamoul 181.)

Ilakkaṇam 2.

1. *Ilakkaṇakkotturæpâḍam.* — 2. *Ilakkaṇaviḷakkac'c'ur'â-
vali.*

1o5 olles de 37o × 35 mm. (Ariel.)

182 (Tamoul 182.)

Ilakkaṇaviḷakkam.

212 olles de 43o × 3o mm. (Ariel.)

183 (Tamoul 183.)

Ilakkaṇaviḷakkam.

Troisième et cinquième parties.

18oo. 197 et 12o olles de 37o mm. (Ariel.)

184 (Tamoul 184.)

Même ouvrage.

Cinquième partie.

1750. 67 olles de 435 × 25 mm. (Ariel.)

185 (Tamoul 185.)

Virasôjiyam, avec commentaire.

1780. 125 olles de 405 × 30 mm. (Ariel.)

186 (Tamoul 186.)

Ilakkaṇam 2.

1. *Nêminâdamuræ. — 2. Sidambarappâṭṭiyal.*

1760. 84 olles de 430 × 25 mm. (Ariel.)

187 (Tamoul 187.)

Pirayôguvivêgamûlamumuræyum, par Subrahmanyadîl'sada de Kurugæ.

Texte et commentaire.

1750. 32 olles de 305 × 35 mm. (Ariel.)

188 (Tamoul 188.)

Recueil de trois ouvrages.

1. Alphabet tamoul-français. — 2. Syllabaire tamoul. — 3. Déclinaison, conjugaison et syntaxe tamoules, expliquées en portugais.

1730. Papier. 6, 1 et 48 feuillets, 310 × 200 mm.

189 (Tamoul 189.)

Grammaire tamoule, par le P. de La Lave, S. J.

1728. Papier. 92 pages, 240 × 180 mm. (Ancien fonds, n° CCVII.)

190 (Tamoul 190.)

Grammatica latino-tamulica..., auctore R. P. C. J. Beschio.

1750. Papier. 89 pages à 2 col., 200 × 155 mm. (Ancien fonds, n° CCII.)

191 (Tamoul 191.)

Grammaire tamoul ou malabar.

Traduction de la grammaire latine-tamoule de Beschi.

1750. Papier. 263 pages, 260 × 170 mm. (Ariel.)

192 (Tamoul 192.)

Grammatica latino-tamulica, ubi de elegantiori linguæ tamulicæ dialecte *Séntamij* dicto,... ad usum missionariorum Societatis Jesu.

1760. Papier. 81 pages, 200 × 160 mm. (Ancien fonds, n° CCLXXXII.)

193 (Tamoul 193.)

C. J. Beschius, Grammatica latino-tamulica.

1849. Papier. 314 pages, 235 × 170 mm.

194 (Tamoul 194.)

Grammaire des grammaires de la langue tamile, par Ariel.

1846-1852. Papier. 916 pages, 355 × 220 mm. (Ariel.)

195 (Tamoul 195.)

Ir'æyan'ârporuluræ.

140 olles de 410 × 35 mm. (Ariel.)

196 (Tamoul 196.)

Agapporulvilakkam.

211 olles de 305 × 30 mm. (Ariel.)

197 (Tamoul 197.)

Pur' apporulvénbâmâlæsûttiram.

168 olles de 415 × 35 mm. (Ariel.)

198 (Tamoul 198.)

Pâṭṭiyal iraṇḍu.

1. *Vénbâppâṭṭiyal.* — 2. *Sidambarappâṭṭiyal.*

41 olles de 435 × 25 mm. (Ariel.)

199 (Tamoul 199.)

Yâppilakkaṇam.

1. *Kârigætogævagæ.* — 2. *Yâpparuṅgalakkârigæ.* — 3. *Kârigæyudâraṇam.* — 4. *Kârigæppur' asûttiram.* — 5. *Kârigækkuvin' âviḍæ.*

1680. 118 olles (manquent les olles 24 à 64) de 450 × 25 mm. (Ariel.)

200 (Tamoul 200.)

Kârigæyuræ.

1850. 143 olles de 355 × 25 mm. (Ariel.)

201 (Tamoul 201.)

Âdiyânandagurukârigæyâppadigâram.

1830. 27 olles de 410 × 25 mm. (Ariel.)

202-203 (Tamoul 202-203.)

Yâpparuṅgalavirutti.

En deux volumes.

260 et 258 olles de 355 × 25 mm. (Ariel.)

204 (Tamoul 204.)

1. *Ton' n' ûlvilakkam,* par le P. Beschi.

II. *Kârigæmûlam.*

III. *Kârigæyudâraṇam.*

IV. *Aṇiyadigâram.*

247 olles de 380 × 30 mm. (Ariel.)

205 (Tamoul 205.)

Taṇḍiyalaṅgâram.

88 olles de 415 × 25 mm. (Ariel.)

206 (Tamoul 206.)

Même ouvrage, avec commentaire.

199 olles de 375 × 30 mm. (Ariel.)

207 (Tamoul 207.)

Table des chapitres et des aphorismes des ouvrages suivants :

Nan'n'ût'pajuvaræ (n° 174), *Pirayôgavivêgamûlamumuræyum* (n° 187), *Ilakkaṇakkatturæ* (n° 181), *Ilakkaṇaviḷakkam* (n° 182), *Tolkâppiyam* (n° 169) *et Ton'n'ûlviḷakkam.*

1850. Papier. 115 pages, 140 × 220 mm. (Ariel.)

208-209 (Tamoul 208-209.)

Dictionnaire tamoul-français, par le P. de Bourges.

En deux volumes. — Copie incomplète. — Cf. les n⁰ˢ 213-214.

1750. Papier. 77 et 275 feuillets, à 2 col. 160 × 215 mm.

210 (Tamoul 210.)

Dictionnaire tamoul-français, sans titre, précédé d'une liste.

1760. Papier. 275 pages, à 2 col. 240 × 350 mm.

211-212 (Tamoul 211-212.)

Dictionnaire malabare-français.

En deux volumes.

Copie du précédent, ou copie d'un même original que le précédent.

XVIII⁰ siècle. Papier. 2 vol. : I, p. 1-157 ; II, p. 158 à 314, 250 × 340 mm. (Ariel.)

213-214 (Tamoul 213-214.)

Dictionnaire tamoul et français (avec des notes grammaticales), par le P. de Bourges.

En deux volumes.

XVIII⁰ siècle. Papier. 567 et 537 pages, 230 × 300 mm. (Ariel.)

215 (Tamoul 215.)

C. J. Beschi. Dictionnaire tamoul-français.

1845. Papier. 203 pages, 240 × 300 mm. (Ariel.)

216 (Tamoul 216.)

C. J. Beschi. Dictionnaire français-tamoul.

1845. Papier. 290 pages, 240 × 300 mm. (Ariel.)

217 (Tamoul 217.)

Dictionnaire tamoul-français, précédé d'un syllabaire.

1750. Papier. 257 feuillets, 200 × 270 mm. (De Montguers.)

218 (Tamoul 218.)

Vocabulaire français et tamoul.

1750. Papier. 299 feuillets, 180 × 235 mm.

219 (Tamoul 219.)

Dictionnaire français-tamoul, suivi de la langue malabare vulgaire (traduite du latin de Beschi).

1750. Papier. 429 et 102 pages, à 2 col. 230 × 350 mm. (Anquetil-Duperron.)

220 (Tamoul 220.)

Dictionnaire français et tamoul.

1850. Papier. 3o6 pages, 220 × 295 mm. (Ariel.)

221 (Tamoul 221.) .

Vocabulario tamulico-lusitano.

1750. Papier. 197 pages, à 2 col. 225 × 345 mm.

222-223 (Tamoul 222-223.)

Vocabulario tamulico-lusitano.

En deux volumes.

1750. Papier. 111 et 127 feuillets, à 2 col. 23o × 35o mm. (Ancien fonds, nᵒˢ CCIV et CCV.)

224 (Tamoul 224.)

Dictionnaire tamil-portugais.

Incomplet.

Papier. 102 pages, 215 × 295 mm.

225-226 (Tamoul 225-226.)

Dictionnaire français-tamoul-telugu.

En deux volumes.

1780. Papier. 211 et 182 feuillets, 26o × 4oo mm. (Ariel.)

227 (Tamoul 227.)

Thesaurus linguæ tamulicæ ad pleniorem planioremque scriptorum tamulensium intelligentiam collegit ac quatuor in partes digestit Constantius Josephus Beschius... A. D. MDCCXXXII.

Papier. 348 pages, à 2 col. 190 × 275 mm. (Ancien fonds, nᵒ CCLXXXIV.)

228-229 (Tamoul 228-229.)

Saduragarâdi.

En deux volumes.

1828. 400 olles de 240 × 35 mm. (Ducler.)

230 (Tamoul 230.)

Agastiyasuvâmigalarulic'c'éydamalæyagarâdi.

1820. 37 olles de 370 × 35 mm. (Ariel.)

231 (Tamoul 231.)

Pôganâyan'ârnigaṇḍu.

1760. 239 olles de 415 × 35 mm.

232 (Tamoul 232.)

Sûdâmaṇinigaṇḍu, par Maṇḍalapuruṣa.

Incomplet.

129 olles de 370 × 30 mm. (Ariel.)

233 (Tamoul 233.)

Nigaṇḍu.

Papier. 214 feuillets, 115 × 180 mm.

234 (Tamoul 234.)

Nigaṇḍu.

19 olles de 420 × 25 mm.

235 (Tamoul 235.)

Sindâmaṇi.

65 et 33 olles de 410 × 30 mm.

236 (Tamoul 236.)

Fragment de dictionnaire tamoul.

184 olles de 380 × 25 mm.

237 (Tamoul 237.)

Kandan'suppumayilagarâdi.

211 olles de 440 × 3o mm. (Ariel.)

238 (Tamoul 238.)

Sidambara agarâdi nigaṇḍu.

82 olles de 410 × 3o mm. (Ariel.)

239 (Tamoul 239.)

Tandimugatténdæ.

162 olles de 410 × 25 mm. (Ducler.)

240-242 (Tamoul 240-242.)

Tivagaram.

Trois exemplaires incomplets.

27, 23 et 23 olles de 3go à 420 × 2o à 3o mm.

243-244 (Tamoul 243-244.)

Mayilattiruppugaj.

Deux exemplaires incomplets.

23 et 47 olles de 3go × 3o mm.

245 (Tamoul 245.)

Guide de la conversation tamoul-sanscrit.

204 olles de 370 × 3o mm. (Burnouf, 180.)

246 (Tamoul 246.)

Maṇimêgalæmûlam.

1848. 77 olles de 415 × 3o mm. (Ariel.)

247 (Tamoul 247.)

Niḍadupurâṇam.

145 olles de 410 × 3o mm. (Ariel.)

248 (Tamoul 248.)

Même ouvrage.

1830. 168 olles de 355 × 3o mm., ais en ébène. (Burnouf, 181.)

249 (Tamoul 249.)

Nayiḍadam.

1830. 178 olles de 4o5 × 3o mm. (Ducler.)

250 (Tamoul 250.)

Niḍadam, avec un commentaire.

1770. 337 olles de 385 × 3o mm., ais en ébène. (Ducler.)

251 (Tamoul 251.)

Næḍadam.

1780. 2i3 olles de 41o × 35 mm.

252 (Tamoul 252.)

Pir'abulingalîlæ.

71 olles de 345 × 35 mm. (Ariel.)

253 (Tamoul 253.)

Kiruṣṇalîlæ.

18i0. 148 olles de 375 × 2o mm. (Ariel.)

254-255 (Tamoul 254-255.)

Çrîbâgavadam.

En deux volumes.

1745. 198 et 2o7 olles de 49o × 3o mm. (Ariel.)

256 (Tamoul 256.)

Bagavadattildasamaskandam.

1760. 268 olles de 3oo × 25 mm. (Ariel.)

257-258 (Tamoul 257-258.)

Bâgavadam.

En deux volumes.

1750. Papier. 614 et 418 pages, 120 × 180 mm. (Sonnerat. — Ancien fonds, n° XXII.)

259 (Tamoul 259.)

Même ouvrage, en prose.

1730. Papier. 134 pages, 195 × 315 mm.

260 (Tamoul 260.)

« Le *Bagavadam*,... traduit par Maridas poulley,... sur la demande de M. Lescallier,... »

1795. Papier. 280 pages 205 × 315 mm.

261 (Tamoul 261.)

Suvêdanva'ac'c'arukkam.

1770. 45 olles de 330 × 30 mm.

262 (Tamoul 262.)

Sîrangamahâttumiyamârdam.

1738. 56 olles de 450 × 40 mm.

263-264 (Tamoul 263-264.)

Mahâbhârata ; Pâradam.

En deux volumes.

1828. 272 et 248 olles de 405 à 410 × 30 à 40 mm. (Ducler.)

265 (Tamoul 265.)

Même ouvrage, *Dronaparva* à *Salliyaparva*.

1762. 260 olles de 400 × 30 mm.

266 (Tamoul 266.)

Padin'eṭṭunâlæyabâradam.

256 olles de 195 × 30 mm. (Ariel.)

267 (Tamoul 267.)

Asuvamêdaparvam.

1760. 206 olles de 385 × 35 mm. (Ariel.)

268 (Tamoul 268.)

Magâbâradam uræ.

1750. Papier. 468 pages à 2 col., 240 × 375 mm. (Ancien fonds, n° XXI.)

269 (Tamoul 269.)

Kiruṣṇan'tûdu.

1760. 127 olles de 350 × 25 mm. (Ariel.)

270 (Tamoul 270.)

Kîruṣṇan'tûdu.

196 olles de 335 × 25 mm.

271 (Tamoul 271.)

Pâradam.

Fragment.

1770. 43 olles de 385 × 25 mm.

272 (Tamoul 272.)

Bâradasillar'æ.

1850. 11 olles de 345 × 25 mm. (Ariel.)

273 (Tamoul 273.)

Magâvindamûlam.

1770. 135 olles de 420 × 30 mm. (Ariel.)

274 (Tamoul 274.)

Râmâyaṇa (?).

Incomplet.

3g8 olles de 4oo × 35 mm. (Ariel.)

275-276 (Tamoul 275-276.)

Kambararâmâyaṇam.

En deux volumes.
Livres I-II.

172o. Papier. 24o et 226 feuillets; 1r5 × 185 mm.(Ancien fonds, n° XII.)

277 (Tamoul 277.)

Même ouvrage.

Livres I-V.

176o. 371 olles de 485 × 35 mm. (Ariel.)

278 (Tamoul 278.)

Irâmâyaṇam.

178o. 3g4 olles de 42o × 3o mm. (Ariel.)

279-285 (Tamoul 279-285.)

Kambarâmâyaṇam.

En sept volumes. — Exemplaire complet.
279. *Bâlakâṇḍam.* — 280. *Ayôttiyâkaṇḍam.* — 281. *Ârâ-
ṇiyakâṇḍam.* — 282. *Kiṭkindiyâkâṇḍam.* — 283. *Sundarakâṇ-
ḍam.* — 284. *Yuttakâṇḍam.* — 285. *Uttaraçrîrâmâyaṇam.*

183o. 176-131-143-124-128-435 et 154 olles de 375 à 3g5 mm. (Ducler.)

286 (Tamoul 286.)

Fragment d'une explication en prose du *Râmâyaṇa.*

6g olles de 375 × 3o mm.

287 (Tamoul 287.)

Abrégé du *Râmâyaṇa* en prose.
Commencement.

1730. 194 olles de 430 × 35 mm.

288 (Tamoul 288.)

Abrégé du *Râmâyaṇa*, en prose très vulgaire.
Fragment.

1770. 143 olles de 330 × 25 mm.

289 (Tamoul 289.)

Tiruviḷæyâḍal.

1740. 285 olles de 400 × 30 mm.

290 (Tamoul 290.)

Tiruvâlavâyuḍæyatambirân'ârtiruviḷæyâḍal.

1828. 393 olles de 390 × 35 mm., ais en ébène. (Ducler.)

291 (Tamoul 291.)

Tiruvilæyâḍalpurâṇam.

1790. 167 olles de 370 × 25 mm. (Burnouf.)

292 (Tamoul 292.)

Âttic'c'ûḍippurâṇam.

1840. 12 olles de 355 × 30 mm.

293 (Tamoul 293.)

Périyapurâṇam.

1785. 400 olles de 405 × 30 mm.

294 (Tamoul 294.)

Même ouvrage.

1768. 269 olles de 490 × 30 mm. (Ariel.)

295 (Tamoul 295.)

Même ouvrage.

Précédé des deux textes suivants : 1. *Tiruttoṇḍat togæpaṅ-kolli.* — 2. *Nambirapâṇḍârandâdi.*

1825. 434 olles de 415 × 35 mm. (Ducler.)

296 (Tamoul 296.)

Vâdavûrarpurânam, Kaḍavuṇmahâmuni.

130 olles de 220 × 35 mm. (Ariel.)

297 (Tamoul 297.)

Aruṇagirippurânamkaviyumuræyum.

1730. Papier. 206 pages, 215 × 325 mm.

298 (Tamoul 298.)

Aruṇâsaluppurânam, avec un commentaire.

1785. 291 olles de 375 × 30 mm. (Ariel.)

299 (Tamoul 299.)

I. Même ouvrage.
II. *Tamijar'iyumpérumâkaḷdæ.*
III. *Vir'aliviḍutûdu.*

1828. 332 olles de 370 × 35 mm., ais en ébène. (Ducler.)

300 (Tamoul 300.)

Tirukkâḷahastiripur'ânam.

1767. 77 olles de 430 × 30 mm. (Ariel.)

301 (Tamoul 301.)

Sidambarakôyiṭ'purânam, par Umâbadi.

1700. 90 olles de 360 × 20 mm. (Ariel.)

302 (Tamoul 302.)

Sidambarapurâṇam.

1785. 127 olles de 255 × 35 mm. (Ariel.)

303 (Tamoul 303.)

Même ouvrage.

148 olles de 360 × 25 mm. (Ariel.)

304 (Tamoul 304.)

Sidambarappurâṇa surukkattiť kuræ.

1780. 39 olles de 400 × 30 mm. (Ariel.)

305 (Tamoul 305.)

Kadambavan' apurâṇam.

1785. 175 olles de 260 × 30 mm. (Ariel.)

306 (Tamoul 306.)

Kâñjïpurâṇam.

1845. 508 olles de 425 × 35 mm. (Ariel.)

307 (Tamoul 307.)

Tirukkajukkun'dapurâṇam.

1747. 145 olles de 200 × 35 mm. (Ariel.)

308 (Tamoul 308.)

Téyvayân'æppurâṇam.

1760. 301 olles de 460 × 35 mm. (Ariel.)

309 (Tamoul 309.)

Vaḷḷiyammæppurâṇam, par Mûrti.
Incomplet.

1736. 188 olles de 395 × 35 mm. (Ariel.)

310 (Tamoul 310.)

Même ouvrage, complet.

1720. 115 olles de 355 × 30 mm. (Ariel.)

311 (Tamoul 311.)

Van'n'iyapurânam, par Kumara, fils de Lakkumæ.

248 olles de 425 × 30 mm. (Ariel.)

312 (Tamoul 312.)

Vir'uttâsalappurânam, par Ellapanâvalar.

98 olles de 180 × 20 mm. (Ariel.)

313 (Tamoul 313.)

Même ouvrage, avec un commentaire par Muniyappa-mudali.

1800. 235 olles de 335 × 35 mm. (Ariel.)

314 (Tamoul 314.)

Villæpurânam.

1850. 51 olles de 375 × 35 mm. (Ariel.)

315 (Tamoul 315.)

Aric'c'andiran'purânam, par Vîranâsukavirâya.

1830. 129 olles de 375 × 35 mm., ais en ébène. (Burnouf, 177.)

316 (Tamoul 316.)

Kabilæpurânam, par Kañjumanâthampéllâçarya.

1760. 62 olles de 360 × 30 mm. (Ariel.)

317 (Tamoul 317.)

Même ouvrage.

1763. 167 olles de 410 × 30 mm.

318 (Tamoul 318.)

Kûrmapurâṇam.

1774. 422 olles de 400 × 30 mm.

319 (Tamoul 319.)

Même ouvrage.

1762. 296 olles de 425 × 30 mm. (Ariel.)

320 (Tamoul 320.)

Même ouvrage.

1728. 273 olles de 420 × 25 (Ariel.)

321 (Tamoul 321.)

*Pir' amâṇḍapurâṇattilêmagêsuran' n' âradasamavâdattilê-
son'n'asîraṅgamagâttumattilétirumur' ælattiyâyam.*

Extraits du *Brahmâṇḍapurâṇa.*

51 olles de 350 × 30 mm (Ariel.)

322 (Tamoul 322.)

Iliṅgapurâṇam.

1730. 174 olles de 420 × 25 mm. (Ariel.)

323 (Tamoul 323.)

Vasavappurâṇam.

1847. 192 olles de 365 × 30 mm. (Ariel.)

324-327 (Tamoul 324-327.)

Kaṇabadimun' n'it' kandappuraṇam.

En quatre volumes.

1830. 291, 350, 301 et 163 olles de 380 à 390 × 35 mm., ais en ébène.
(Ducler.)

328 (Tamoul 328.)

Même ouvrage.

S'arrête à la strophe VIII du chant intitulé *Viradâgukandamâdan' añséypaḍalam* du *Mahêndrakâṇḍam*.

164 olles de 385 × 30 mm. (Ariel.)

329 (Tamoul 329.)

Même ouvrage.

Renferme 143 chants et 10.303 strophes.

1713. 391 olles de 510 × 35 mm. (Ariel.)

330 (Tamoul 330.)

Piramôttarakâṇḍam.

Incomplet.

1800. 93 olles de 385 × 30 mm. (Ariel.)

331 (Tamoul 331.)

Même ouvrage.

1815. 145 olles de 350 × 35 mm. (Ariel.)

332 (Tamoul 332.)

Kâsikâṇḍam, du *Skandapurâṇa.*

1747. 294 olles de 420 × 30 mm. (Ariel.)

333 (Tamoul 333.)

Même ouvrage.

1731. 268 olles de 365 × 35 mm. (Ducler.)

334 (Tamoul 334.)

Même ouvrage.

1825. 249 olles de 385 × 40 mm., ais en ébène (Burnouf).

335 (Tamoul 335.)

Uyittiyakândam, du *Râmâyana*.

1760. 431 olles de 455 × 30 mm. (Ariel.)

336 (Tamoul 336.)

Ubadêsakkândam, du *Skandapurâna*, par Konêriyæyaṅ-
gar.

1732. 273 olles de 355 × 35 mm. (Ariel.)

337 (Tamoul 337.)

Kandapurânac'c'urukkam, par Sambandhac'c'aranâla-
yasuvâmi.

1840. 107 olles de 485 × 30 mm. (Ariel.)

338 (Tamoul 338.)

Kandapurânakadæ.

1750. Papier. 48 feuillets, 245 × 380 mm.

339 (Tamoul 339.)

Kusalavargaḷuḍæyakadæ.

1732. Papier. 224 feuillets, 205 × 285 mm. (Ancien fonds, n° L).

340 (Tamoul 340.)

Arunagirinâdararuḷic'c'éydatiruppugaj.

1779. 70 olles de 440 × 30 mm. (Ariel.)

341 (Tamoul 341.)

Tôttiram.

1. *Máriyamman'adækkalappattu.* — 2. *Puduccêriyamman'-
pêril viruttam.* — 3. *Máriyamman'tôttiram.* — 4. *Máriyamman'pêrilaruc'c'an'æ.*

1810. 28 olles de 250 × 25 mm. (Ariel.)

342 (Tamoul 342.)

I. *Muttumariyamman'pêril vân'ippu.*
II. *Tâlâṭṭumâṅyamman'pêril.*
III. Même ouvrage qu'au n° 341, 1.
IV. *Mariyamman'pêriluñjal.*

1850. 35 olles de 420 × 20 mm. (Ariel.)

343 (Tamoul 343.)

Irâmac'c'andirattirupugaj.

1760. 372 olles de 395 × 25 mm. (Ariel.)

344 (Tamoul 344.)

Sabânâyarkirttan'æ.

1850. 5 olles de 370 × 30 mm.

345 (Tamoul 345.) ·

Padañjalinayan'ârtiruppugaj.

1834. 15 olles de 235 × 30 mm. (Ariel.)

346 (Tamoul 346.)

Amirdasâram.

1850. 33 olles de 285 × 30 mm. (Ariel.)

347 (Tamoul 347.)

I. *Hariḥ ôm vêṇba.*
II. *Kayilâsasir'appu.*

6 olles de 395 × 30 mm. (Ariel.)

348 (Tamoul 348.)

Éréjubudu.

1850. 14 olles de 240 × 30 mm.

349 (Tamoul 349.)

Recueil d'olles contenant des strophes de différents ouvrages et notamment des prières.

62 olles de 290 × 25 mm.

350 (Tamoul 350.)

Sindu.

1830. 7 olles de 445 × 20 mm. (Burnouf, n° 170).

351 (Tamoul 351.)

Âjvârgalpirapandam.

1740. 134 olles de 305 × 20 mm. (Ariel.)

352 (Tamoul 352.)

Tiruc'c'avæsindâmani.

1850. 83 olles de 380 × 25 mm. (Ariel.)

353 (Tamoul 353.)

Maranakandigæ, par Ullamudæyu.

1760. 43 olles de 450 × 30 mm. (Ariel.)

354 (Tamoul 354.)

Kumarêsasadagam, par Rubandha.

1840. 25 olles de 375 × 30 mm. (Ariel.)

355 (Tamoul 355.)

Kurêsarvijayam.

1830. 70 olles de 275 × 20 mm. (Ariel.)

356 (Tamoul 356.)

Manavâlandrâyanasadagam, par Nârâyanabâratiya.

56 olles de 465 × 35 mm.

357 (Tamoul 357.)

Même ouvrage.

49 olles de 575 × 20 mm.

358 (Tamoul 358.)

Même ouvrage.

Incomplet.

34 olles de 505 × 25 mm.

359 (Tamoul 359.)

Tiruvâymojimudalâyiram.

1760. 111 olles de 460 × 30 mm. (Ariel.)

360 (Tamoul 360.)

Périyatirumoji iranḍâvadâyiram.

119 olles de 400 × 30 mm. (Ariel.)

361 (Tamoul 361.)

Avirôdavundiyârurœ, par Santaliṅgasuvâmi.

1800. Papier. 96 feuillets. 120 × 170 mm. (Ariel.)

362 (Tamoul 362.)

Deux ouvrages, en vers, en l'honneur de Gaṇeça.

17 et 11 olles de 225 × 20 mm. (Ariel).

363 (Tamoul 363.)

Tiruvâmâttûrkalambagam.

18 olles de 450 × 20 mm. (Ariel.)

364 (Tamoul 364.)

Sarac'c'uvadikkalittur'œ, par Kumaraguru.

Incomplet.

21 olles de 315 × 30 mm.

365 (Tamoul 365.)

Aññavadæppar'ani, par Sidambarasuvâmi.

1770. Papier. 24 feuillets, 155 × 225 mm. (Ariel.)

366 (Tamoul 366.)

Arangêçavénbâ uræ, par Ranganâtha.

1845. 29 olles de 595 × 25 mm. (Ariel.)

367 (Tamoul 367.)

Véngæ ulâ.

1845. 42 olles de 365 × 20 mm. (Ariel.)

368 (Tamoul 368.)

Mânikkavâsagarpillættamij.

39 olles de 420 × 25 mm. (Ariel.)

369 (Tamoul 369.)

Ilakkiyamûn'd'u.

1. *Sundaravêdumpar'i.* — 2. *Sambandarpillættamij.* — 3. *Sekkijârpurânam.*

18, 35 et 19 olles de 450 × 20 mm. (Ariel.)

370 (Tamoul 370.)

Suradan'arvédupar'i.

9 olles de 350 × 25 mm.

371 (Tamoul 371.)

Mûttayyan'pullættumij.

Incomplet.

1730. 14 olles de 385 × 25 mm.

372 (Tamoul 372.)

Tiruvénnéynallûrvægundan'âdapillættamij.
Incomplet.

51 olles de 425 × 25 mm. (Ariel.)

373 (Tamoul 373.)

Tiriburasavundariyamman'pillættamij, par Muttukku-
mârasuvâmi.

107 olles de 385 × 20 mm. (Ariel.)

374 (Tamoul 374.)

Maduræviran'ammân'æ.

1820. 68 olles de 470 × 20 mm.

375 (Tamoul 375.)

Kandarandâdi, par Arunagirinâda.
Avec un commentaire.

1840. 84 olles de 240 × 35 mm.

376 (Tamoul 376.)

Tirukkaruvæpadit't'upattandâdi.

50 olles de 240 × 30 mm. (Ariel.)

377 (Tamoul 377.)

Tirukkudandæ andâdi.

1840. 52 olles 220 × 25 mm. (Ariel.)

378 (Tamoul 378.)

Vayinam 3.

1. *Tiruvévvulitrandâdi.* — 2. *Attigiriyandâdi.* — 3. *Alar-
mên'mangæyandâdi.*

51 olles de 210 × 25 mm. (Ariel.)

379 (Tamoul 379.)

Nut't'éṭṭuttiruppadiyandâdi, par Piḷḷæppérumâlæyangar.

184o. 56 olles de 235 × 25 mm. (Ariel.)

380 (Tamoul 380.)

I. *Abirâmiyandâdi*, par Abiramipaṭṭa.
II. *Ambigæmâlæ*, par Kulaçékkarapâṇḍiya.

9 olles de 435 × 20 mm.

381 (Tamoul 381.)

I. *Tiruvéṅgaḍamâlæ*, par Piḷḷæppérumâlæyaṅgâr.
II. *Tiruvaraṅgattandâdi*, par le même.

1761. 27 et 26 olles de 45o × 25 mm. (Burnouf, 167.)

382 (Tamoul 382.)

Tandalæyârmâlæ, par Santaliṅgakkavirâya.

174o. 17 olles de 245 × 20 mm.

383 (Tamoul 383.)

Kuḷappan'âyakkan'vir'ali.

1790. 69 olles de 375 × 3o mm.

384 (Tamoul 384.)

Même ouvrage.

1770. 82 olles de 37o × 3o mm.

385 (Tamoul 385.)

Sidambarêsurarvir'ali.

1798. 1oo olles de 435 × 3o mm. (Ariel.)

386 (Tamoul 386.)

Recueil de quinze ouvrages.

1. — *Haric'c'avadi.* — 2. *Âttisûḍi.* — 3. *Kon'd'ævêndan'.* — 4. *Ulaganîdi.* — 5. *Mûduræ.* — 6. *Puttimâlæ.* — 7. *Nalvaji.* — 8. *Aruṇâgiriyandâdi*, par Guhânamaçivâyadéva. — 9. *Abirâmiyandâdi.* — 10. *Taṇḍalæyârmâlæ.* — 11. *Kumarêsasadagam*, par Rubandha. — 12. *Maṇavâḷanârâyaṇasadagam.* — 13. *Pagalûrandâdi.* — 14. *Kuruvan'andâdi.* — 15. *Abiyambigæsadagam.*

1828. 400 olles de 370 × 35 mm. (Ducler.)

387 (Tamoul 387.)

Ânandar'aṅgakkôvæ, par Tiripillæ.

1850. 101 olles de 485 × 25 mm. (Ariel.)

388 (Tamoul 388.)

Vêṅgækkovæ, par Çivapprakâçadêva ou Çivapprakâçasuvâmi.

1850. 107 olles de 415 × 30 mm. (Ariel.)

389 (Tamoul 389.)

Tanjævân'n'akovæ.

1742. 150 olles de 515 × 30 mm. (Ariel.)

390 (Tamoul 390.)

Bagavaṭ'kîdei.

1768. 190 olles de 465 × 35 mm. (Ariel.)

391 (Tamoul 391.)

Sagundalævilâsam, par Râmac'c'andrakkavirâya.

1810. 102 olles de 450 × 30 mm. (Ariel.)

392 (Tamoul 392.)

Kappurâyan'aric'c'andranâḍagam.

183o. 126 olles de 4o5 × 25 mm. (Ariel.)

393 (Tamoul 393.)

Même ouvrage.

1835. 16r olles de 375 × 35 mm.; ais en ébène. (Bournouf, 182.)

394 (Tamoul 394.)

Râmâyaṇavdsagam.

175o. Papier. 358 pages à 2 col., 2oo × 325 mm.

395 (Tamoul 395.)

Irâmâyaṇunâḍagam, par Arunâc'c'alakavirâya.

178o. Papier. 18o feuillets, 115 × 185 mm.

396 (Tamoul 396.)

Mârkkâṇḍanâḍagam, par Kâmiyappakkavirâya.

177o. 93 olles de 42o × 35 mm. (Ariel.)

397 (Tamoul 397.)

Même ouvrage.

183o. 131 olles de 325 × 35 mm. (Ducler.)

398 (Tamoul 398.)

I. *Mârkkâṇḍanâḍagam.*
II. *Sundaranâḍagam.*

183o. 122 olles de 38o × 3o mm.; ais en ébène. (Burnouf, 183.)

399 (Tamoul 399.)

Kusalavanâḍagam, par Vin'ætîrttan'.

174o. 134 olles de 43o × 25 mm. (Ariel.)

400 (Tamoul 400.)

Iraṇiyavâsagappâ, par Râmac′c′andrakaviṛâya.

1760. 208 olles de 425 × 3o mm. (Ariel.)

401 (Tamoul 401.)

Kabilævâsagam, par Vallikaṇḍéya.

185o. 63 olles de 255 × 25 mm. (Ariel.)

402 (Tamoul 402.)

Sârangadaravâsagappâ.

18o7. 187 olles de 595 × mm. (Ariel.)

403 (Tamoul 403.)

Valḷiyammæn′âḍagam.

176o. 58 et 34 olles de 47o × 2u mm. (Ariel.)

404 (Tamoul 404.)

Tiruc′c′it′t′ambalakkôvæmúlam.

178o. 96 olles de 25o × 3o mm. (Ariel.)

405 (Tamoul 405.)

Même ouvrage, avec le commentaire de Nac′c′in′ârkkin′i-
yâr et celui de Parimêlajagar.

1761. 126 olles de 515 × 3o mm. (Ariel.)

406 (Tamoul 406.)

Kallâḍavuræpâḍam.

178o. 123 olles de°3oo × 4o mm· (Ariel.)

407 (Tamoul 407.)

Kallaramâlam.

185o. Papier. 63 feuillets, 195 × 3o5 mm. (Ariel.)

408 (Tamoul 408.)

Parattæyarmâlæ.

185o. 11 olles de 3oo × 3o mm. (Ariel.)

409 (Tamoul 409.)

Pañjatandirakadæ.

1700. Papier. 83 feuillets, 115 × 165 mm.

410 (Tamoul 410.)

Même ouvrage.

173o. Papier. 69 feuillets à 2 col., 2oo × 325 mm. (Ancien fonds, n° XXIII.)

411 (Tamoul 411.)

Pañjatandiram.

173o. 147 olles de 315 × 3o mm. (M. Tilliard fils.)

412 (Tamoul 412.)

I. *Pañjatandiram.*
II. *Nâlamandirikadæ.*

182o. 100 olles de 41o × 3o mm. (Ducler.)

413 (Tamoul 413.)

Pañjatandirakadæpâḍal.

En vers.

59 olles de 48o × 2o mm. (Ariel.)

414 (Tamoul 414.

Même ouvrage.

En prose.

33 olles de 29o × 3o mm.

415 (Tamoul 415.)

Naḷaccakkiravârttikkadæ.

1835. 98 olles de 33o × 3o mm. (Burnouf, 168.)

416 (Tamoul 416.)

Tamirjar'iyumpérumâḷkadæ.

1790. 30 olles de 440 × 25 mm. (Burnouf, 169.),

417 (Tamoul 417.)

Même ouvrage.

1830. 263 olles de 365 × 30 mm.; ais en ébène. (Burnouf, 184.)

418 (Tamoul 418.)

Vêdâḷakkadæmûlam, par Kavikalañja.

1810. 101 olles de 350 × 25 mm. (Ariel.)

419 (Tamoul 419.)

Nalumandirikadæ.

54 olles de 345 × 30 mm. (Ariel.)

420 (Tamoul 420.)

Même ouvrage.

1770. olles de 340 × 35 mm.

421 (Tamoul 421.)

Vikkir'amadittan'padumækadæ.

1750. Papier. 46 feuillets à 2 col., 200 × 325 mm. (Ancien fond, n° XIII.)

422 (Tamoul 422.)

Vikkir'amadittan'padumækkadæ.

1775. 94 olles de 395 × 25 mm.

423 (Tamoul 423.)

Vikkiramâdittun'kadæ.

1840. 211 olles de 245 × 35 mm. (Ariel.)

424 (Tamoul 424.)

Vikkir'amâr'tan'kadæ.

40 olles de 530 × 25 mm.

425 (Tamoul 425.)

Vîrâmâr'an'kadæ.

1770. 70 olles de 420 × 25 mm. (Ariel.)

426 (Tamoul 426.)

Même ouvrage.

1781. 84 olles de 465 × 20 mm. (Ariel.)

427 (Tamoul 427.)

Mayilarâvanankadæ.

1840. 38 et 17 olles de 385 × 20 mm. (Ariel.)

428 (Tamoul 428.)

Sarittiram 2.

1. *Maduræviran'kadæ.* — 2. *Têrûrndasôjan'sarittiram.*

52 et 24 olles de 440 × 20 mm. (Ariel.)

429 (Tamoul 429.)

Têsingurâsâkkadæ.

1850. Papier. 30 feuillets, 220 × 295 mm. (Ariel.)

430 (Tamoul 430.)

Sittirakkadægal.

1730. Papier. 22 feuillets à 2 col., 200 × 325 mm. (Ancien fonds, nᵒ XX.)

[431 (Tamoul 431.)

Kadâsindâmanisillar'æ.

1850. 9 olles de 365 × 30 mm. (Ariel.)

432 (Tamoul 432.)

Alphabet et syllabaire.

1835. 21 olles de 295 × 20 mm.

433 (Tamoul 433.)

Énsuvadi.

1840. 23 olles de 470 × 25 mm.

434 (Tamoul 434.)

Pon'n'ilakkam.

14 olles de 410 × 20 mm.

435 (Tamoul 435.)

I. *Yénnilakkam.*
II. *Kanakku adigâram.*

1828. 130 olles de 415 × 30 mm. (Ducler.)

436 (Tamoul 436.)

Sirân'anéllilakkam.

1840. 6 olles de 445 × 20 mm.

437 (Tamoul 437.)

Même ouvrage.

1840. 8 olles de 440 × 20 mm.

438 (Tamoul 438.)

Kanidam nâlu.

1. Même ouvrage qu'au n° 402. — 2. Même ouvrage qu'aux n°s 404 et 405. — 3. Même ouvrage qu'au n° 401. — 4. *Varu-sappir'appu.*

38 olles de 490 × 25 mm. (Ariel.)

439-441 (Tamoul 439-441.)

Lettres et actes de commerce.

En trois étuis.

1827-1829. 53, 36 et 68 olles de 690 et 845 × 25 mm. (Ariel.)

442 (Tamoul 442.)

Puduc'c'êritâlukkâ.

10 olles de 800 × 20 mm. (Ariel.)

443 (Tamoul 443.)

Comptes et actes divers de commerce.

1843-1844. 46 olles de 800 × 20 mm.

444 (Tamoul 444.)

Pan'mâvaḍikur'ippu.

3 et 22 olles de 745 × 25 mm. (Ariel.)

445 (Tamoul 445.)

Déclaration de la caste des potiers au gouvernement français.

Recensement des 177 potiers qui existaient en 1793 à Pondichéry.

4 olles de 720 × 25 mm.

446 (Tamoul 446.)

Sâdinûl.

1850. 28 olles de 465 × 25 mm.

447 (Tamoul 447.)

Fragments de différents ouvrages, de reconnaissances, d'actes de l'état-civil.

8 olles de 430 × 25 mm.

448 (Tamoul 448.)

Tin'akaravéṇba.

1780. 19 olles de 435 × 25 mm.

449 (Tamoul 449.)

Ouvrage sans titre à l'usage des écoles primaires.

10 olles de 455 × 25 mm.

450 (Tamoul 450.)

Challâpam.

Traduction tamoule de livres de l'Ancien et du Nouveau Testament.

XVIIIe siècle. Papier. 210 feuillets, 200 × 285 mm.

451 (Tamoul 451.)

Dialogues sur le Lévitique, les Nombres et le Deutéronome.

1743. 324 olles de 350 × 35 mm. (Ancien fonds, n° I.)

452 (Tamoul 452.)

« Dialogues sur Josué, les Juges, Ruth, le premier et le segond des Roys. »

1739. 268 olles de 360 × 30 mm.

453 (Tamoul 453.)

« Dialogue sur les 3e et 4e des Roys, Paralipomènes, Esdras, Tobias, Esther, Judith, Job et les Macchabées. »

1750. 312 olles de 340 × 35 mm.

454 (Tamoul 454.)

« Dialogues sur le Nouveau Testament, les Évangiles du dimanche et des principales fêtes de l'année. »

1750. 313 olles de 370 × 35 mm. (Ancien fonds, n° III.)

455 (Tamoul 455.)

Têva aruḷvêda purânamâmpaćć'imakânḍam.

1810. 258 olles de 410 × 25 mm. (Ariel.)

456 (Tamoul 456.)

Mattêyiyén'bavaréjudivættasuvisêṣattâgamam.

1739. 49 olles de 430 × 30 mm.

457 (Tamoul 457.)

Yonès éjudinarætta suvisêáṣgamam.

1760. Papier. 93 feuillets, 150 × 220 mm. (Arsenal.)

458 (Tamoul 458.)

*Sagalamânakâriyaṅgaḷukkuḷḷépir'adàn'akariyattinmêlé-
pir'asaṅgavivaram.*

XVIII⁰ siècle. Papier. 44 feuillets écrits (manque le feuillet 42), à 2 col.,
210 × 230 mm.

459-460 (Tamoul 459-460.)

« R. P. Roberti Nobili Romani, e Societate Jesu theologi,
qui primus Missionis Madurensis pene insuperabiles la-
bores superari posse monstravit et Bragmanorum vitam
aggressus, ipsius difficultates et contrarietates vincendo,
Missionem scriptis, doctrina et exemplo instituit, stabilivit
et propagavit, Catechismus romanus, in quatuor partes dis-
tributus... » Prima (et tertia) pars... »

1720. Papier. 366 et 262 feuillets, 185 × 235 mm. (Ancien fonds, nᵒˢ V
et VI.)

461 (Tamoul 461.)

*Sir'upillægaḷukkuppaḍippikkir'akiristuvargaḷuḍæyapaḍi-
ppin'æ.*

1770. 93 olles de 185 × 25 mm.

462 (Tamoul 462.)

*Irâsariṣigurusuvâmiyavargaḷ ar'tôrsuvâmiyavargaḷ tirup-
pin'aññân'avubadêsaviḷakkam.*

Papier. 254 pages, 200 × 155 mm.

463 (Tamoul 463.)

Nân' amuyar' c'c'i.

1750. Papier. 96 feuillets, 220 × 305 mm. (Ancien fonds, n° XXIV.)

464 (Tamoul 464.)

Ñân' apôdagattin' vivêgam.

1780. 265 olles de 340 × 35 mm.

465 (Tamoul 465.)

Catéchisme. musulman.

Fragment.

6 olles de 200 × 25 mm.

466 (Tamoul 466.)

Pûsækkayaṇam.

1775. 47 olles de 220 × 25 mm.

467 (Tamoul 467.)

Isêsu mun' d'ir' adalogapurânam réṇḍâm kâṇḍam.

Incomplet.

102 olles de 370 × 25 mm.

468 (Tamoul 468.)

N'âyttukkijamætôrumkôvilgaḷilêpan'd'ugir'aparâsiyam.

10 olles de 210 × 25 mm.

469 (Tamoul 469.)

*Vêdasâṭṣiyarâsariṣi aruḷân'andasuvâmi divviya vêdattuk-
kâgamar'avan'sîrmæyilpiḍipaṭṭuppâḍuppaṭṭa avaruḍæya sarittiram.*

1820. 44 olles de 450 × 25 mm.

470 (Tamoul 470.)

Ar'c'c'iya siṣṭabêlêndiran'uḍæyasarittiram.

1780. 206 olles de 195 × 35 mm.

471 (Tamoul 471.)

Éṣṭâkkéṇṇum pirivuḷân'sarittiram.

1740. 60 olles de 355 × 25 mm.

472 (Tamoul 472.)

Histoire de saint François Xavier.

Fragment.

1 olle de 360 × 25 mm.

473 (Tamoul 473.)

I. *Vîramâmun'ivar sarittiram varalâr'u*, par **A. Muttu-samipiḷḷæ.**

II. *Vâman'sarittiram.*

III. *Ñân'avuṇarttudal.*

150 olles de 335 × 30 mm.

474-475 (Tamoul 474-475.)

Têmbâvaṇimûlamumuræyum, par le **P. Beschi.**

Incomplet : les douze derniers chants manquent.

312 et 300 olles de 455 × 35 mm. (Ariel.)

476 (Tamoul 476.)

Têmbâvaṇi (?).

Fragment.

6 olles de 430 × 30 mm.

477 (Tamoul 477.)

Tirukkâvalûrkkalambagam.

1845. 37 olles de 350 × 25 mm. (Ariel.)

478 (Tamoul 478.)

I. *Nasarækkalambagam*, par Saminâdapiḷḷæ.

II. *Sar'uvavîsuran'sadagam*, par Jñân'aprakâsa.

59 et 28 olles de 440 × 25 mm. (Ariel.)

479 (Tamoul 479.)

I. *Kaḍan'ar'iyagaval*, par Manuelpiḷḷæ.

II. *Têvamâdâpiḷḷættamij.*

51 olles de 380 × 25 mm.

480 (Tamoul 480.)

Kaḍavuḷnir'an'n'æyam.

Incomplet.

59 olles de 165 × 35 mm.

481 (Tamoul 481.)

Vêdaviḷakkam.

1750. Papier. 157 feuillets, 190 × 245 mm.

482 (Tamoul 482.)

Isêsu nâdasuvâmipâḍupaṭṭakurupâdæyadâvadu.

1775. 40 olles de 230 × 30 mm.

483 (Tamoul 483.)

Silivæyin'mandirattukkuvivêgam.

1750. Papier. 210 pages, 190 × 245 mm.

484 (Tamoul 484.)

Ar! Anasu Aman'æ, par la fille de Sin'n'atambimudali-
yâr.

1843. 53 olles de 400 × 30 mm.

485 (Tamoul 485.)

Éstâkkiyârammân'æ.

1800. 92 olles de 380 × 30 mm.

486 (Tamoul 486.)

Ar'č'iyasîṣḍa marigarudammâḷammânæ.

1830. 27 olles de 460 × 25 mm.

487 (Tamoul 487.)

Têvasagâyasigaramaṇimâlæ.

1770. 87 olles de 465 × 30 mm.

488 (Tamoul 488.)

Sittambalanâḍikkaḷḷaḷæ.

47 olles de 260 × 25 mm.

489 (Tamoul 489.)

Luttêrin'attiyalbu.

28 olles de 305 × 25 mm.

490 (Tamoul 490.)

Sur les fêtes chrétiennes (?).

ṣ 25 olles de 310 × 25 mm.

491 (Tamoul 491.)

Ouvrage chrétien (Fragment d'un).

139 olles de 230 × 30 mm.

492 (Tamoul 492.)

Sén'uvappammâḷsarittiranâḍagam.

1815. 57 olles de 410 × 25 mm. (Ariel.)

493 (Tamoul 493.)

Aruḷapparnâdagam.

1814. 65 olles de 350 × 25 mm. (Ariel.)

494 (Tamoul 494.)

Ar'c'c'iyasîṣṭa andôn'iyâr n'âḍagam.

97 olles de 355 × 25 mm. (Ariel.)

495 (Tamoul 495.)

Istâkkiyârvâsagappâ.

227 olles de 415 × 30 mm. (Ducler.)

496 (Tamoul 496.)

Ilûsikkaliyâṇa môḍivâsagappâ.

61 olles de 475 × 25 mm.

497-498 (Tamoul 497-498.)

Dictionnaire tamoul, par Ariel.

Papier. 267 et 468 feuillets, 215 × 310 mm.

499 (Tamoul 499.)

Fragments sans suite.

51 olles de 435 × 25 mm. (Mme Burnouf.)

500 (Tamoul 500.)

Saundariyalahari vyâkhyânam.

Papier. 95 feuillets, 220 × 295 mm.

501 (Tamoul 501.)

Recueil de prières.

Papier. 120 pages, 225 × 320 mm. (Ariel.)

502 (Tamoul 502.)

Paradigmes de la conjugaison tamoule et française.

Papier. 96 pages, 145 × 190 mm.

503 (Tamoul 503.)

« Histoire d'Aronasala et Siva. »

27o olles de 3g5 × 3o mm.

504 (Tamoul 504.)

Tiruvaḍigal.

2o8 olles de 37o × 25 mm.

505 (Tamoul 505.)

Tiruvâsaggam, par Maniqué Vassagarom.

167 olles de 345 × 3o mm. (Don d'Hyacinthe Carrière.)

506 (Tamoul 506.)

Périyapurâṇam.

171 olles, 365 × 4o mm. (Don de Mme Goschler.)

507 (Tamoul 507.)

Tiruvaḷḷuvarkur'aḷ.

153 olles de 29o × 25 mm. (Don de Mme Goschler.)

508 (Tamoul 508.)

Actes de donation et autres, datés de 1695 et 1697, et notice imprimée contenant la traduction de ces divers actes.

Tablette de cuivre de 3o5 × 2o mm. (Don de Mme Goschler.)

509 (Tamoul 509.)

Fragments de textes religieux.

1o4 olles de 28o × 2o mm.

510 (Tamoul 510.)

Pañjatandiram.

En vers. — Les cinq premiers contes.

76 olles de 4r5 × 3o mm.

511 (Tamoul 511.)

Enquête pour la canonisation de saint François Xavier.
Fragment.

11 feuillets de 325 × 30 mm.

512 (Tamoul 512.)

Traité d'astrologie et d'astronomie.

208 olles de 330 × 30 mm. (De La Tour.)

513 (Tamoul 513.)

Prabulingalilei.

Incomplet.

169 olles de 230 × 30 mm. (Vivien.)

514 (Tamoul 514.)

Bogar ejumuru.

187 olles de 285 × 35 mm. (Vivien.)

515 (Tamoul 515.)

Nâladiyâr.

140 olles de 450 × 30 mm. (Vivien.)

516 (Tamoul 516.)

Mandiram palusastiram.

55 olles de 240 × 30 mm. (Vivien.)

517 (Tamoul 517.)

Nayanarkural.

134 olles de 230 × 30 mm. (Vivien.)

518 (Tamoul 518.)

Negijedam.

159 olles de 395 × 30 mm. (Vivien.)

519 (Tamoul 519.)

Padinoravadunigaṇḍu.

130 olles de 400 × 50 mm. (Vivien.)

520 (Tamoul 520.)

Tâyumânavarpâdel.

160 olles de 364 × 30 mm. (Vivien.)

521 (Tamoul 521.)

Sattaprakaraṇa.

42 olles de 320 × 35 mm., 8 l. (Don de M. de Rozière.)

522 (Tamoul 522.)

Sivamayam.

283 olles de 750 × 25 mm., 6 à 8 l. (Baron Taylor.)

523 (Tamoul 523.)

Siddarpitakam.

147 olles de 200 × 25 mm. (Bayle.)

524 (Tamoul 524.)

Mayilei kabâlisurândâdi.

36 olles de 240 × 30 mm. (Bayle.)

525 (Tamoul 525.)

Nâlumandirikadæ.

67 olles de 440 × 20 mm. (Bayle.)

526 (Tamoul 526.)

Sentences chrétiennes.

28 olles de 430 × 30 mm. (Bayle.)

527 (Tamoul 527.)

Recueil de contes, en très mauvais état.
66 olles de 435 × 20 mm.

528 (Tamoul 528.)

Arivari.

Syllabaire tamoul.
15 olles de 370 × 45 mm.

529 (Tamoul 529.)

Visumillâgit't'agum mân'it't'agîm.

Catéchisme musulman.
54 olles de 160 × 25 mm.

530 (Tamoul 530.)

Fragments de divers textes.
12 olles de 750 × 30 mm.

531 (Tamoul 531.)

Périyapurânam.
362 olles de 430 × 35 mm.

532 (Tamoul 532.)

Même ouvrage.
Incomplet.
374 olles de 405 × 35 mm. (Haas.)

533 (Tamoul 533.)

Râmâyana.
Fragments.
374 olles de 410 × 30 mm. (Haas.)

534 (Tamoul 534.)

Tiruvalluvar' kural.

98 olles de 360 à 390 × 3o mm. (Haas.)

535 (Tamoul 535.)

Ramijassevadi et plusieurs fragments.

61 olles de 430 × 3o mm. (Haas.)

536 (Tamoul 536.)

Formulaire médical.

153 olles de 33o × 3o mm. (Haas.)

537 (Tamoul 537.)

Fragments.

111 olles de 295 × 4o mm. (Haas.)

538 (Tamoul 538.)

Fragment de *Purâna* (?).

67 olles de 34o à 35o × 3o mm. (Haas.)

539 (Tamoul 539.)

Kanaga sanba (?) et plusieurs autres fragments.

113 olles 16o à 23o × 3o mm. (Haas.)

540 (Tamoul 540.)

Feuilles provenant de manuscrits différents.

94 olles de 43o à 45o × 35 mm. (Haas.)

541-542 (Tamoul 541-542.)

Râmâyana.

Fragments.

227 et 14 olles de 415 × 3o mm. (Haas.)

543 (Tamoul 543.)

Tiruvayamoji. — Tirumoji.

A la fin, quelques feuilles en télougou.

107 olles de 490 × 3o mm. (Haas.)

544 (Tamoul 544.)

Même ouvrage.

107 olles de 414 × 4o mm. (Haas.)

545 (Tamoul 545.)

Tiruvadikaṇesaṇam.

48 olles de 295 × 35 mm. (Haas.)

546 (Tamoul 546.)

Naṇṇeri.

22 olles de 44o × 25 mm. (Haas.)

547 (Tamoul 547.)

Tiruppallandi.

44 olles de 43o × 35 mm. (Haas.)

548 (Tamoul 548.)

Tulukkuttamijmojipeyarppu.

44 olles de 23o × 25 mm. (Ariel.)

549 (Tamoul 549.)

Fragments divers.

6 olles, dont une double, de 4oo × 3o mm. (Haas.)

550 (Tamoul 550.)

Fragments divers.

23 olles de 4o5 × 3o mm. (Haas.)

551 (Tamoul 551.)

Fragments divers.

76 olles de 340 à 445 × 25 mm. (Haas.)

552 (Tamoul 552.)

Recueil de lettres et de comptes.

45 olles de 670 × 15 mm. (Burnouf, n° 174.)

553 (Tamoul 553.)

Turukkammada puttagam.

226 olles de 375 × 40 mm.

554 (Tamoul 554.)

Yidukavi.

Rouleau de 17 olles de 1ᵐ,10 × 35 mm. (Schweighäuser.)

555 (Tamoul 555.)

Même ouvrage.

Rouleau de 1 mètre × 35 mm.

556 (Tamoul 556.)

Fragments de correspondance en tamoul, ayant appartenu au comte Du Prat. — Cf. le ms. n. a. fr. 3659.

29 olles de 465 × 25 mm.

557 (Tamoul 557.)

Fragments sans suite.

93 olles de 270 × 30 mm. (Daclin-Sibour.)

558 (Tamoul 558.)

Padinorâvadu nigandu.

195 olles de 415 × 30 mm.

559 (Tamoul 559.)

Mahâbhârata.

Épisodes.

160 olles de 415 × 30 mm.

560 (Tamoul 560.)

Fragments en tamoul et en singhalais.

3 olles de 270 × 25 mm. (Burnouf.)

561 (Tamoul 561.)

Fragments sans suite.

12 olles de 500 × 25 mm. (Burnouf.)

562 (Tamoul 562.)

Naḷaṇkadai.

128 olles de 420 × 35 mm.

563 (Tamoul 563.)

I. Copie de cinq olles, sur papier, d'un Catéchisme chrétien, en tamoul, sur laquelle on lit en écriture de la fin du xviie siècle : « Manuscript que l'on croit être de la coste de Malabar et un Catéchisme des Chrétiens de ce païs-là ; il se peut que ce soit du Tonquin. Il étoit écrit sur des feuilles de palmier, percées et attachées avec des cordes par les bouts, et deux morceaux de bois aussi percés pour couverture. »

II. Alphabet samscroutam, en usage dans le pays tamoul.

III. Deux lignes en mahratte et huit lignes en tamoul gravées.

Papier. 5 pièces, reliées en un vol. de 195 × 245 mm.

564 (Tamoul 564.)

Catéchisme chrétien.

1835. Papier. 139 feuillets de 250 × 30 mm.

565 (Tamoul 565.)

I. *Vir'uttâsalappurânam.*
II. *Sidambarakôyit'purânam.*

5g et 5₇ olles de 38o × 3o mm.

566 (Tamoul 566.)

Recueil de strophes.

14 olles de 225 × 3o mm. (Don de M. E. Desjardins.)

567 (Tamoul 567.)

Naidadam.

194 olles de 41o × 3o mm.

568 (Tamoul 568.)

Kaivalyam.

25, 41, 11, 22, 9 et 36 olles de 2oo × 3o mm.

569 (Tamoul 569.)

Chants en l'honneur de diverses divinités.

6₇ olles de 315 × 25 mm. (Don de Mᵐᵉ Egger.)

570 (Tamoul 570.)

I. *Vaiṣadha.*
II. *Aric'c'andrapurâṇa.*

191 olles de 38o × 35 mm.

571 (Tamoul 571.)

Nâladiyâr.

31 olles de 33o × 25 mm. (Don de M. le comte de Boury.)

572 (Tamoul 572.)

Aruṇâcalapurânam, par Eḷḷapanâvalar.

223 olles de 4oo × 3o mm.

573 (Tamoul 573.)

Açvamedhika.

Incomplet.

33r olles de 355 × 25 mm.

574 (Tamoul 574.)

Donation de trois villages au collège des savants de Bahour, par le roi Nṛpatuṅgavarmâ (vers 850-875 de J.-C.)

Texte tamoul et sanscrit.

Cinq tablettes de cuivre gravées, 200 × 90 mm. (Don de Mᵐᵉ Jules Ferry.)

575 (Tamoul 575.)

Dictionnaire de botanique.

19 olles de 470 × 30 mm.

576 (Tamoul 576.)

Sûdâmaṇinigaṇḍu.

Voir le n° **232**.

369 olles de 280 × 30 mm.

577 (Tamoul 577.)

Catalogue des manuscrits tamouls et télingas, par Julien Vinson et Léon Feer.

Mss. tamouls (1-496 et 497-574) et télingas (1-59 et 60-65).

1867-1903. Papier. 142 feuillets, 240 × 310 mm.

578 (Tamoul 578.)

Tables du catalogue des manuscrits tamouls et télingas, par Léon Feer.

Papier. 69 feuillets, 270 × 375 mm.

II

MANUSCRITS TÉLINGAS, CANARAS ET MALAYALAS

579 (Télinga 1.)

Vedalakṣaṇamulu.

100 olles de 470 × 30 mm.

580 (Télinga 2.)

Narasarâjiyaṁ.

36 olles de 470 × 35 mm.

581 (Télinga 3.)

Punarjanmakṣepaṁ.

36 olles de 455 × 30 mm.

582 (Télinga 4.)

Punarjanma âkṣepaṁ.

96 olles de 445 × 35 mm.

583 (Télinga 5.)

Traité de philosophie en télinga.

176 olles de 345 × 30 mm.

584 (Télinga 6.)

Tarkabhâṣâ.

79 olles de 285 × 25 mm.

585 (Télinga 7.)

Darkadâvaṁ.

3ı6 olles de 435 × 3o mm.

586 (Télinga 8.)

Çavabhavanabhâṣaṇa vyâkhyânaṁ.

ı46 olles de 54o × 35 mm.

587 (Télinga 9.)

Vedantavṛtti.

ı37 olles de 44o × 25 mm.

588 (Télinga 10.)

Vedantabhâṣyaṁ.

Papier. 34 feuillets, ı95 × 26o mm.

589 (Télinga 11.)

Vimânapadyalu.

Papier. 4o pages, ı85 × 245 mm. (Ancien fonds, n° XXVI.)

590 (Télinga 12.)

Traité de morale.

Papier. ı4 feuillets, 95 × ı5o mm. (Ariel.)

591 (Télinga 13.)

Âṭavidyapadyâlu.

ı3 olles de 46o × 25 mm.

592 (Télinga 14.)

Prabhavalapustakaṁ.

ıı olles de 445 × 25 mm. (Burnouf.)

593 594 (Télinga 15-16.)

Rituel en télinga.

En deux volumes.

Papier. I, 202 pages, II, 106 pages, 240 × 290 mm. (Ariel.)

595 (Télinga 17.)

Āndhranâmasaṁgrahamu.

310 olles de 445 × 30 mm.

596 (Télinga 18.)

I. Sixième partie de la syntaxe sanscrite.

II. Grammaire pour apprendre la langue talenga, ditte vulgairement le Balega (par le P. de la Lane).

III. Grammatica latino-tamulica (par Beschi).

1760. Papier. 40, 103 et 115 pages, 180 × 225 mm.

597 (Télinga 19.)

Dictionarium linguæ telougou in aliam linguam indicam translatæ quæ lingua est samscretamica.

1750. Papier. 167 pages, 170 × 215 mm. (Ancien fonds, n° CCVIII.)

598 (Télinga 20.)

Dictionarium talanganice samscretanicum.

1760. Papier. 526 feuillets à 2 col., 185 × 235 mm.

599 (Télinga 21.)

Dictionnaire télougou-françois.

1727. Papier. 177 pages, 225 × 340 mm. (Ancien fonds, n° CCVI.)

600 (Télinga 22.)

Dictionnaire télougou-françois.

1750. Papier. 185 pages à 2 col., 205 × 325 mm.

601 (Télinga 23.)

Dictionnaire télougou-français.

1800. Papier. 419 pages, 210 × 305 mm. (Ariel.)

602 (Télinga 24.)

Srîmadrâmâyaṇaṁ.

270 olles[de 495 × 55 mm. ; ais peints en rouge et en jaune.

603 (Télinga 25.)

Même ouvrage.

1791. 344 olles de 445 × 30 mm.

604 (Télinga 26.)

Même ouvrage. — Première partie.

341 olles de 445 × 35 mm.

605 (Télinga 27.)

Næṣadham.

119 olles de 460 × 35 mm.; ais en ébène.

606 (Télinga 28.)

Bhagavataṁ.

1830. 127 de olles 480 × 30 mm.

607 (Télinga 29.)

Gajendramokṣaṇam.

1820. 16 olles de 435 × 25 mm. (Burnouf.)

608 (Télinga 30.)

Même ouvrage.

1830. 11 olles de 440 × 30 mm. (Burnouf.)

609 (Télinga 31.)

Bagavadgitalu.

135 olles de 400 × 35 mm.

610 (Télinga 32.)

Kṛṣṇaçatakamu.

12 olles de 450 × 30 mm.

611 (Télinga 33.)

Sumatiçatakaṁ.

12 olles de 445 × 25 mm. (Burnouf, n° 163.)

612 (Télinga 34.)

Kṛṣṇmâbhâryula saṁkita.

73 olles de 340 × 30 mm. (Ariel.)

613 (Télinga 35.)

Fragment sans titre.

6 olles de 210 × 25 mm.

614 (Télinga 36.)

Raṁgardjavijayamu.

59 olles de 420 × 30 mm. (Ariel.)

615 (Télinga 37.)

Akṣarasamudâyamu.

21 olles doubles de 425 × 25 mm. (Burnouf.)

616 (Télinga 38.)

Paṁcatantra.

79 olles de 455 × 30 mm.

617-618 (Télinga 39-41.)

Dharmarâjac'c'aritraṁ.

En trois volumes.

Papier. 202, 205 et 200 pages, 165 × 205 et 190 × 245 mm. (Ancien fonds, n°ˢ XVIII et XIX.)

619 (Télinga 42.)

Vikramârkac'c'aritrakadhulu.

Papier. 87 feuillets, 190 × 250 mm. (Ancien fonds, n° XIV.)

620 (Télinga 43.) (1)

Rukmângadaçaritra.

Papier. 49 feuillets, 190 × 250 mm. (Ancien fonds, n° XXVII.)

621 (Télinga 45.)

Vékkalapustakam.

7 olles doubles de 465 × 25 mm.

622 (Télinga 46.)

Poème épique en télinga, sans titre.

264 olles de 380 × 30 mm.

623 (Télinga 47.)

Fragment de poème.

18 olles de 425 × 30 mm.

624 (Télinga 48.)

Fragment de catéchisme.

Papier. 24 feuillets, 160 × 250 mm.

625 (Télinga 49.)

Texte religieux chrétien.

Papier. 124 feuillets, 170 × 225 mm.

626 (Télinga 50.)

Satyavédaçamprasamgam.

62 olles de 450 × 30 mm.

(1) Le ms. télinga 44 est devenu Indien 121.

627 (Télinga 51.)

Satyavubadêçamu.

Papier. 70 feuillets, 185 × 250 mm. (Ancien fonds, n° CCIX.)

628 (Télinga 52.)

Jivakarévâvayamuka.

143 olles de 215 × 30 mm.

629 (Télinga 53.)

Catéchisme chrétien en télinga.

Fragment.

15 olles de 255 × 25 mm.

630 (Télinga 54.)

Dævaparikṣa.

Papier. 20 et 25 feuillets, 155 × 210 mm. (Ancien fonds, n° XXIX.)

631 (Télinga 55.)

Yruvæprasam̃gâlu.

Papier. 37 feuillets, 155 × 195 mm. (Ancien fonds, n° XXX.)

632 (Télinga 56.) (1)

Tarkabâṣavyâkhyanam̃.

47 olles de 415 × 30 mm. (Ancien fonds, n° XXXVIII.)

633 (Télinga 60.)

« Poëme de Vingua Dassalame. »

23 olles de 425 × 15 mm.

634 (Télinga 61.)

« Grammaire pour apprendre la langue talenga, ditte

(1) Les mss. télinga 57, 58 et 59 sont devenus respectivement Indien 134, 107 et 135.

vulgairement le Badega. Faitte à Pontichéri, l'an 1729, par
un Missionnaire de la Compagnie de Jésus (le P. Pierre de
la Lane), de la Mission françoise du Carnat... »

Papier. 56 pages, 185 × 245 mm.

635 (Télinga 62-63.)

Quatre lettres, en télinga.

Papier. 240 × 305 mm.

636 (Télinga 64.)

Fragment d'olle roulé, portant deux lignes en caractères
télingas.

1 olle de 220 × 30 mm.

637 (Télinga 65.)

Texte religieux, sans titre.

135 olles de 460 × 35 mm.

MANUSCRITS INDIENS

638 (Indien 1.)

Padmāvatī carita.

En sanscrit, avec une glose mahratte.

XIX⁰ siècle. Écriture nāgarī. Papier indien, 260 × 135 mm., 195 pages,
6 l. (texte), 12 l. (glose), 30 à 40 akṣ. Rel. chagr. (Ch. d'Ochoa.)

639 (Indien 2.)

Rāmāryā, stances sanscrites en l'honneur de Rāma, par
Mudgala Acārya, avec une glose mahratte.

XIX⁰ siècle. Écriture nāgarī. Papier indien, 120 × 220 mm., 54 pages,
15 à 18 l., 8 à 15 akṣ. D. rel. (Ch. d'Ochoa.)

640 (Indien 3.)

Jñāneçvarī-paribhāṣā.

Traité de philosophie en sanscrit et en mahratte.

XIX⁰ siècle. Écriture nāgarī. Papier indien, 205 × 150 mm., 104 pages,
10 l. 15 à 20 akṣ, D. rel. (Ch. d'Ochoa.)

641 (Indien 4.)

I. *Çrutabodha*, traité de prosodie par Kālidāsa.
II. *Chanda-vicāra* (ou *Chandonāmavicāraṇa*).

Par Rāmacandra, élève de Lakṣmīpati. — Traité de prosodie en 162 çlokas. — Sanscrit-mahratte.

1840. Écriture nāgarī. Papier indien, 190 × 245 mm., 39 pages, 18 à
20 l., 15 à 30 akṣ. D. rel. (Ch. d'Ochoa.)

642 (Indien 5.)

Hymnes et chants populaires indiens.

1. Fragment (padas 84-274) fol. 1-92. — 2. *Rāgabhairava-
dhṛpādacautala*, fol. 1-30. — 3. Doha hindi. — Chant des
douze mois en l'honneur de Narsinghdji, 5 p. (Incomplet.)
— 4. *Bṛj-bhāṣā* (Incomplet), 22 p. — 5. *Bhakta-mālā*, 6 fol.
(Extrait.) — 6. *Malaya-caritra.* Extrait du *Mahābel malayē
sundarī* (= *Mahābala malayā sundarī*), 45 p.

1845. Écriture nāgarī. Papier européen, 145 × 210 mm., 7 à 15 l., 15
à 25 akṣ. (Ch. d'Ochoa.)

643 (Indien 5 *bis.*)

Prières en mahratte, à l'usage des brâhmanes du Paitan.

XIX⁰ siècle. Écriture mahratte. Papier indien, 495 × 130 mm., 10 pages,
22 l., 12 à 15 akṣ.

644 (Indien 6.)

Bīmbākhyāna.

Légende mahratte en vers. — Chap. I-XIII.

1755 çaka (= 1833). Écriture nāgarī. Papier européen, 210 × 150 mm.,
160 pages, 11 l., 22 à 25 akṣ.

645 (Indien 7.)

OEuvres de Vāmana, poète mahratte.

1. *Athavāmanakṛtadhyānamāla prarambhaḥ*, 7 p. (fol. 1).
— 2. *°rāmajanma°*, 6 p. (fol. 5). — 3. *°kṛkṣmajanma°*, 4 p.
(fol. 8). — 4. *°bālakṛṭā°*, 14 p. (fol. 10). — 5. *°rāsakṛṭā°*,
16 p. (fol. 17). — 6. *°radhabhujaṃga°*, 5 p. (fol. 25). — 7.

° *harivilāsa* °, 4 p. (fol 29). — 8. ° *harivilāsedvitīyaprakaraṇa*, 6 p. (fol. 31). – 9. ° *tṛtīyapr* °, 4 p. (fol. 34). — 10. ° *harivilāsecaturthaprakaraṇa*, 6 p. (fol. 36). — 11. ° *paṃcamapr* °, 5 p. (fol. 40). — 12. ° *ṣaṣṭapr* °, 4 p. (fol. 44). — 13. ° *saptamapr* °, 4 p. (fol. 46). — 14. ° *aṣṭamapr* °, 4 p. (fol. 48). — 15. ° *harivilāsenavamaprakaraṇa*, 3 p. (fol. 50). — 16. ° *sītāsvayamvara*, 14 p. (fol. 52). — 17. ° *bhāmāvilāsa*, 6 p. (fol. 60). — 18. ° *rugmiṇisvayamvarapatrikā*, 2 p. (fol. 63). — 19. ° *rugmiṇivilāsu*, 18 p. (fol. 64). — 20. ° *Vanasudha* °, 4 p. (fol. 74). — 21. ° *vanasudhāyambālīlāvarṇanamdvitīyāsarga*, 2 p. (fol. 76). — 22. ° *tṛtīya prakaraṇa*, 3 p. (fol. 78). — 23. ° *caturthodhyāyapr* °, 4 p. (fol. 80). — 24. ° *mṛttikābhakṣaṇa*, 3 p. (fol. 82). — 25. ° *navavidhāsaktī*, 2 p. (fol. 84). — 26. ° *lopamudrāsamvāda*, 4 p. (fol. 85). — 27. ° *bharathabhāva*, 10 p. (fol. 87). — 28. ° *sphuṭaçlokanavamaprakaraṇa*, 8 p. (fol. 93). 29. ° *prakṛtayajñapatnyākhyāna*, 8 p. (fol. 97). — 30. ° *venusudha*, 4 p. (fol. 101). — 31. ° *venusudhāyāmdvitīyaprakaraṇa*, 4 p. (fol. 103). — 32. ° *tṛtīyapr* °, 5 p. (fol. 105). — 33. ° *ukhalabamdhana*, 7 p. (fol. 109). — 34. ° *ahalyodhāraṇa*, 8 p. (fol. 113). — 35. ° *catuḥçlokībhāgavataṭīkā*, 2 p. (fol. 117). — 36. ° *tatvamāḷa*, 3 p. (fol. 118). — 37. ° *gītārṇava*, 6 p. (fol. 120). — 38. ° *kātyāyanivrata*, 13 p. (fol. 123).

XIX° siècle. Écriture nāgarī. Papier européen, 265 × 200 mm., 260 pages, 19 l., 20 à 25 akṣ (Ch. d'Ochoa).

646 (Indien 8.)

I. Fol. 1-7. Poésies de Nāma.

II. Fol. 8, à la fin. Poésies de Tukaram.

En mahratte.

XIX° siècle. Écriture nāgarī. Papier, 190 × 135 mm., 12 feuillets, 9 l., 15 à 25 akṣ (Ch. d'Ochoa.)

647 (Indien 9.)

Rāmavijaya.

Poème en l'honneur de Rāma, par Çrīdhara-svāmin, en
40 chapitres. — En mahratte.

XIXᵉ siècle. Écriture nāgarī. Papier, 340 × 140 mm., 740 pages, 10 à
12 l., 35 à 45 akṣ (Ch. d'Ochoa.)

648 (Indien 10.)

Bālakrīḍā.

Poème sur les jeux de Kṛṣṇa enfant. — En mahratte.

XIXᵉ siècle. Écriture nāgarī. Papier, 150 × 100 mm., 34 pages, 13 l.,
10 à 15 akṣ. (Ch. d'Ochoa.)

649 (Indien 10 *bis.*)

Fragment d'un commentaire mahratte sur un épisode
du *Bhāgavata Purāṇa.*

XIXᵉ siècle. Écriture nāgarī. Papier, 330 × 205 mm., 13 l., 25 à 35 akṣ.
D.-rel. (Ch. d'Ochoa.)

650 (Indien 11.)

OEuvres de Rāmadāsa-svāmin.

1. *Ramdās caritra.* — 2. *Dāsabodha.* Incomplet.

XIXᵉ siècle. Écriture nāgarī. Papier, 200 × 160 mm., 184 pages, 16 à
18 l., 20 à 30 akṣ. D.-rel. (Ch. d'Ochoa)

651 (Indien 12.)

Histoire des poètes de langue mahratte, d'après Mahīpati.

XIXᵉ siècle. Écriture nāgarī. Papier européen, 200 × 150 mm., 85 pages,
15 l., 15 à 20 akṣ. D.-rel.

652 (Indien 13.)

Tukaram carita, par Mahīpati.

En mahratte.

1827. Écriture nāgarī. Papier indien, 250 × 150 mm., 574 pages, 11 l. 20 à 30 akṣ. D.-rel.

653 (Indien 14.)

OEuvres de Tukaram, poète mahratte.

XVIIIᵉ siècle. Écriture mahratte. Papier indien, 210 × 205 mm., 170 pages, 10 à 16 l., 15 à 25 akṣ. Rel. v. (Ch. d'Ochoa.)

654 (Indien 15.)

Collection de petits poèmes mahrattes, par divers auteurs.

1. *Varīdāmājicï.* — 2. *Jenābāïcarītra.* — 3. *Mīrābāï.* — 4. *Rāghābāï.* — 5. *Kavïrarohīdāsa.* — 6. *Kānhopātrā.* — 7. *Rākākumbhārā.* — 8. *Çāḍaçamanacarītra.* — 9. *Ramadasatukāramabheḍa.* — 10. *Ammrutāceābhaga.* — 11. *Gorakumbhārā.* — 12. *Devāsakesaālā.* — 13. *Kārābhacīsabhādī.* — 14. *Cokhāmeḷā.* — 15. *Kamalacarītra.* — 16. *Bhanesvaracarītra.* — 17. *Mānakojībodhalā.* — 18. *Bhairavabhaiṭacarītra.*

XIXᵉ siècle. Écriture mahratte. Papier indien, 100 × 60 à 65 mm., 406 pages, 5 l., 10 à 15 akṣ. Rel. cham. (Ch. d'Ochoa.)

655 (Indien 16.)

Dohorekabīrāce.

Recueil de stances mahrattes.

XIXᵉ siècle. Écriture mahratte. Papier indien, 200 × 115 mm., 24 pages, 19 l., 12 à 15 akṣ. Rel. toile. (Ch. d'Ochoa.)

656 (Indien 17.)

Padekavīrāce.

Autre recueil de stances mahrattes.

XIXᵉ siècle. Écriture mahratte. Papier indien, 200 × 120 mm., 48 pages, 16 à 18 l., 12 à 15 akṣ. Rel. toile. (Ch. d'Ochoa.)

657 (Indien 18.)

Caraṇekarāce ābhaṃga.

Hymnes en mahratte.

XIXᵉ siècle. Écriture mahratte. Papier indien, 15o × 100 mm., 20 pages, 10 et 11 l., 10 à 15 akṣ. Rel. toile. (Ch. d'Ochoa.)

658 (Indien 19.)

I. *Puṇḍalikākhyāna.*
II. *Gajagaurī-ākhyānu.*
III. *Pañcaratnaprātaḥ smaraṇa.*

Légendes populaires en mahratte.

XIXᵉ siècle. Écriture nāgarī. Papier européen, 210 × 130 mm., 64 pages, 19 l., 5 à 15 akṣ. D.-rel. chag. (Ch. d'Ochoa.)

659 (Indien 19 *bis.*)

Hariçcandra-ākhyānu.

En mahratte.

XIXᵉ siècle. Écriture mahratte. Papier indien, 41o × 115 mm., 44 pages, 24 à 28 l., 10 à 15 akṣ. D.-rel. (Ch. d'Ochoa.)

660 (Indien 20.)

Kadārāmadāsābhīmanī.

Poèmes mahrattes.

XIXᵉ siècle. Écriture mahratte. Papier indien, 18o à 19o × 125 à 14o mm., 126 pages, 10 l., 15 à 20 akṣ. D.-rel. (Ch. d'Ochoa.)

661 (Indien 20 *bis.*)

Sivajicarītra.

En mahratte.

XIXᵉ siècle. Écriture mahratte cursive. Papier indien, 53o × 145 mm., 106 pages, 23 l., 15 à 20 akṣ. D.-rel. (Ch. d'Ochoa.)

662 (Indien 21.)

Bhaktivijaya, par Mahīpati.

Ouvrage viṣṇuite en vers mahrattes.

1801. Écriture nāgarī. Papier indien, 370 × 150 mm., 626 pages, 16 l.,
35 à 45 akṣ. D.-rel.

663 (Indien 21 *bis.*)

Yeka dechi mahatmiye bhakar.

En mahratte.

XIXᵉ siècle. Écriture mahratte cursive. Papier indien, 450 × 120 mm.,
16 pages, 22 l., 10 à 15 akṣ. D.-rel. (Ch. d'Ochoa.)

664 (Indien 22.)

Bhaktamālānūbhājīkṛtaprārambhaḥ, par Nābhājī.

Poème hindoui. — Cf. Garcin de Tassy, *Hist. de la littérature hindouie*, t. I.

XIXᵉ siècle. Écriture nāgarī. Papier européen, 232 pages, 240 × 160 mm.,
9 à 11 l., 20 à 30 akṣ. (Ch. d'Ochoa.)

665 (Indien 23.)

Svātmānubhavagramthaprārambhaḥ, par Jñānadeva.

En mahratte.

1739. Écriture nāgarī. Papier indien, 180 × 120 mm., 72 pages, 7 l.,
12 à 15 akṣ. D.-rel. (Ch. d'Ochoa.)

666 (Indien 24.)

Paramāmṛta, par Mukundarāja.

En mahratte.

1831. Écriture nāgarī. Papier européen, 155 × 150 mm., 76 pages,
9 l., 12 à 15 akṣ. D.-rel. (Ch. d'Ochoa.)

667-668 (Indien 25-26.)

Dāsabodha.

Deux volumes. — En mahratte.

XVIIIe siècle. Écriture nāgarī. Papier indien, 220 × 105 mm., 25 :
752 pages; 26 : 684 pages, 8 l., 20 à 25 akṣ. D.-rel. (Ch. d'Ochoa.)

669 (Indien 27.)

Vivekasindhu, ouvrage philosophique en mahratte, par
Mukundarāja.

XIXe siècle. Écriture nāgarī. Papier européen, 315 × 225 mm., 161 pages,
19 à 20 l., 15 à 30 akṣ. D.-rel. (Ch. d'Ochoa.)

670 (Indien 28.)

Nāmadevacaritra.

Poème mahratte en 175 çlokas.

XIXe siècle. Écriture nāgarī. Papier indien, 150 × 105 mm., 46 pages,
9 l., 15 à 20 akṣ. Rel. toile. (Ch. d'Ochoa.)

671 (Indien 29.)

Mūlastambha.

Dialogue entre Īçvara et Pārvatī. — En mahratte.

XIXe siècle. Écriture nāgarī. Papier indien, 150 × 110 mm., 161 pages,
11 l., 10 à 15 akṣ. Rel. v. (Ch. d'Ochoa.)

672 (Indien 30.)

Bhagavad-gītā.

En vers mahrattes.

XIXe siècle. Écriture nāgarī. Papier indien, 155 × 110 mm., 130 pages,
7 l., 12 à 15 akṣ. D.-rel. (Ch. d'Ochoa.)

673 (Indien 31.)

Poèmes mahrattes.

1. *Jalaṃdara.* — 2. *Bhānudāsavaçantavovyā.* — 3. *Karma-*

vipaka. Adh., 1-14. — 4. *Rāmadāsīçloka.* — 5. *Viṭobocesā-khyā.* — 6. *Rāmavijayavovyā.* — 7. *Savītrī ākhyānavovyā.* — 8. *Dāsabodhagurūçīṣyasamvadavovyā.* — 9. *Puṭasamasa-sāma° vodhya.* — 10. *Puṭasamāsamvada.* — 11. *Dāsabodha-gurūçīṣyasamvadaphuṭasamāsa.* — 12. *Dāsabodhegurūçīṣya-samvadevidyamāna.* — 13. *Tattvanirūpaṇaphuṭavovyā.* — 14. *Dāsabodegurūçīṣyasamvadesārārā.* — 15. *Nīrūpaṇavovyā.*

XVIIIe siècle. Écriture mahratte. Papier indien, 2o6 pages, 14 l., 10 à 15 akṣ. (Ch. d'Ochoa.)

674 (Indien 32.)

Chansons mahrattes.

XIXe siècle. Écriture nāgarī. Papier européen, 220 × 13o mm., 273 pages (133 pages de texte), 17 l., 9 à 20 akṣ. (Ch. d'Ochoa.)

675 (Indien 32 *bis.*)

Kaçi khanda.

En mahratte.

XIXe siècle. Écriture mahratte cursive. Papier indien, 465 × 15o mm.. 68 pages, 35 l., 12 à 15 akṣ. (Ch. d'Ochoa.)

676 (Indien 33.)

Fragments mahrattes, la plupart en vers.

XIXe siècle. Écriture nāgarī. Papier européen, 280 × 18o mm., 12o pages écrites, 15 à 20 l., 5 à 3o akṣ. (Ch. d'Ochoa.)

677 (Indien 34.)

Fragments mahrattes.

XIXe siècle. Écriture nāgarī. Papier européen, 195 × 15o mm., 15 à 20 l., 25 à 3o akṣ. (Ch. d'Ochoa.)

678 (Indien 35.)

« Documents sur l'histoire littéraire des Mahrattes, recueillis, traduits et annotés d'après des Mss. originaux par Charles d'Ochoa. » — Titre de la main de d'Ochoa.

7

Tirthavali, par Namdeo, Dnyandes et autres sadhous. —
En 59 abhangs (grand mètre). — *Nattye*, par Tonkaram,
contenant 61 odes ou abhangs, en 70 pages. — Le Rosaire de
Lieux Saints par Namdeo Dnyandeo et autres. — La danse
sancrée (*sic*), par Toukaram. » [De la main de d'Ochoa].

XIXᵉ siècle. Écriture nāgarī. Papier européen, 152 × 140 mm., 140 pages,
10 l., 10 à 20 akṣ. (Ch. d'Ochoa.)

679 (Indien 36.)

Mémoire historique sur l'Inde.

En mahratte. — Corrections au crayon.

XIXᵉ siècle. Écriture nāgarī. Papier européen, 220 × 180 mm., 70 p.,
20 l., 20 à 30 akṣ. (Ch. d'Ochoa.)

680-682 (Indien 37-39.)

Littérature mahratte. Poésies recueillies dans le Mahārāṣṭra et spécialement dans la contrée située entre Bombay, Nassik et Panderpour, par Ch. d'Ochoa en 1843.

En trois volumes. — 37. Documents recueillis dans le Mahārāṣṭra, 172 p. — 38 et 39. Poésies recueillies entre Bombay,
Nassik et Panderpour, 502 et 472 pages.

1843. Écriture nāgarī. Papier européen, 200 × 125 mm., 1146 pages,
21 l., 5 à 20 akṣ. (Ch. d'Ochoa.)

683 (Indien 40.)

Collection de documents sur l'histoire littéraire des
Mahrattes, recueillis par Ch. d'Ochoa.

Fragments de géographie, d'histoire et de poésie, la plupart manuscrits. — Fol. 2 : Table des matières en mahratte
et en français donnant le titre de 14 pièces différentes.

XIXᵉ siècle. Écriture nāgarī. Papier européen, 200 × 160 mm., 444 pages,
10 à 25 l., 10 à 30 akṣ. (Ch. d'Ochoa.)

684 (Indien 40 *bis.*)

Documents sur l'histoire littéraire des Mahrattes recueillis, par Ch. d'Ochoa.

1. *Jñānadevakṛta abaṃga.* — 2. *Rāsakrīḍā.* — 3. *Pralhādacarita.* — 4. *Abhimanyucādhāvā.* — 5. *Kabīrarohidāsasaṃvada.* — 6. *Tukārāmavajanābāīkṛta abhaṃga.* — 7. *Nāmadevakṛta abhaṃga.* — 8. *Puṇyanadevalehimdūci āhetalī.* — 9. *Samadasasvāmīcecaritaprakarṇa cauthe.* — 10. *Jñānadevakṛtaharīpāṭa.* — 11. *Nikṛttināthāce abhaṃga.*

XIXᵉ siècle. Écriture nāgari. Papier européen, 320 × 145 mm., 648 pages, 20 à 25 l., 10 à 20 aks. (Ch. d'Ochoa.)

685 (Indien 41.)

Abhaṃga muktābaī.

XIXᵉ siècle. Écriture nāgarī. Papier européen, 270 × 210 mm., 6 pages, 22 l., 6 à 12 akṣ. (Ch. d'Ochoa.)

686-688 (Indien 42-44.)

Mahrata historical collection.

En trois volumes. — Une table des matières en anglais est placée au commencement de chaque volume.

XVIIIᵉ siècle. Écriture mahratte cursive. Papier indien, 260 × 285 mm., 1214 pages (42. 275 p. ; 43. 656 p. ; 44. 283 p.), 14 l., 15 à 25 akṣ. (Burnouf, 158.)

689 (Indien 45.)

Bhagavad-gītā.

En mahratte.

XVIIIᵉ siècle. Écriture mahratte cursive. Papier indien, 165 × 110 mm., 152 pages, 7 l., 10 à 20 akṣ. (Burnouf, 159.)

690 (Indien 45 *bis.*)

Catalogue de manuscrits mahrattes et sanscrits, par Ch. d'Ochoa.

XIXᵉ siècle. Écriture nāgarī. Papier européen, 145 × 90 mm. (Ch. d'Ochoa.)

691 (Indien 46.)

Mahābala malayā sundarī.

En guzerati.

XVIIIe siècle. Écriture nāgarī. Papier indien, 275 × 120 mm., 212 pages, 13 l., 35 à 40 akṣ. (Ch. d'Ochoa.)

692 (Indien 47.)

Hanuman naṭaka.

Traduction penjabī du drame sanscrit.

XIXe siècle. Écriture penjabi. Papier européen, 155 × 200 mm., 57 pages, 15 l., 10 à 15 akṣ. (Ch. d'Ochoa.)

693-694 (Indien 48-49.)

Pañj granthī.

En deux volumes. — En penjabi.

XIXe siècle. Écriture panjabi. Papier indien, 100 à 145 × 69 à 100 mm., 48. 776 pages; 49. 886 pages, 6 et 8 l., 15 à 20 akṣ.

695 (Indien 50.)

Ukhā-carita, poème par Paraçurāma.

En braji.

1791. Écriture nāgarī cursive. Papier indien, 150 × 110 m., 128 pages, 9 l., 14 à 16 akṣ. (Ch. d'Ochoa.)

696 (Indien 50 *bis.*)

Pièces diverses et fragments de poésies en braj-bāṣā, en mahratte et en hindi.

XIXe siècle. Écriture nāgarī. Papier indien, 220 à 375 × 120 à 140 mm., 14 pages, 10 à 50 l., 15 à 30 akṣ. (Ch. d'Ochoa.)

697 (Indien 51.)

Tuḷasīdāsa-carita.

En hindi.

XIXe siècle. Écriture nāgarī. Papier indien, 150 × 90 mm., 24 pages, 12 l., 6 à 10 akṣ. (Ch. d'Ochoa.)

698 (Indien 52.)

Recueil de petits poèmes en hindi.

XVIIIe siècle? Écriture nāgarī. Papier indien, 200 × 105 mm., 174 pages, 14 à 16 l., 10 à 12 akṣ. (Ch. d'Ochoa.)

699 (Indien 53.)

Svarga-rohaṇa, par Viṣṇu Kavi.

En braji.

XVIIIe siècle. Écriture nāgarī. Papier indien, 155 × 110 mm., 12 l., 15 à 20 akṣ. (Ch. d'Ochoa.)

700 (Indien 54.)

Bārāmāse, par Ṣairāsāh.

En braji.

1791. Écriture nāgarī. Papier indien, 151 × 115 mm., 30 pages, 11 à 12 l., 10 à 15 akṣ. (Ch. d'Ochoa.)

701 (Indien 55.)

Himdustānī-sudāma-caritra.

Fragment du *Bhāgavata purāṇa* en hindi.

XIXe siècle. Écriture nāgarī. Papier indien, 320 × 200 mm., 22 l., 15 à 20 akṣ. (Ch. d'Ochoa.)

702 (Indien 56.)

Madhu-mālatī-kathā, par Caturbujadās.

1784. Écriture nāgarī. Papier indien, 125 × 266 mm., 192 pages, 24 l., 12 à 15 akṣ. (Ch. d'Ochoa.)

703 (Indien 57.)

Bhavara-gīlā.

Poème en braji.

XIXe siècle. Écriture nāgarī. Papier indien, 240 × 145 mm., 46 pages, 17 l., 5 à 20 akṣ.

704 (Indien 58.)

Madhavānalakāṃmakuṃdalārīcaupaïdūhābaṃdhasaṃ-purṇam, par Moti Ram.

En hindui.

1803. Écriture nàgarī. Papier indien, 172 pages, 265 × 125 mm., 24 l., 12 à 15 akṣ. (Ch. d'Ochoa.)

705 (Indien 59.)

Rāmāyaṇa.

Fragment de la version hindie de Tulasīdās.

XIXᵉ siècle. Écriture nāgarī. Papier européen, 265 × 200 mm., 108 pages, 21 l., 25 à 30 akṣ. (Ch. d'Ochoa.)

706 (Indien 60.)

Jñātādhammakathāsūtra.

Traité jaina.

XVIIIᵉ siècle. Écriture nāgarī. Papier indien, 275 × 110 mm., 270 pages, 13 l., 30 à 35 akṣ. (Ch. d'Ochoa.)

707 (Indien 61.)

Précéptes moraux des Sādhs, secte religieuse de l'Inde.

En hindi. — Sur la première feuille : « Presented by Francis Horsley Robinson of the Bengal Civil Service. » — Le volume est accompagné d'une lettre de Burnouf et une autre de Garcin de Tassy.

Reliure ornée de dessins en creux, or et argent.

XVIIIᵉ siècle. Écriture nāgarī. Papier indien, 190 × 120 mm., 218 pages, 13 l., 12 à 15 akṣ.

708 (Indien 62.)

Pr̥thīrājarāsa, poème par Canda.

Chap. I-X. — En radjputi.

1815. Écriture nāgarī. Papier indien, 305 × 230 mm., 102 pages, 24 l., 20 à 30 akṣ. (Burnouf, 155.)

709 (Indien 63.)

Pṛthīrājarāsa.

Pṛthīrājajanma.

XIXe siècle. Écriture nāgarī. Papier indien, 205 × 140 mm., 64 pages, 20 l., 15 à 20 akṣ. (Burnouf, 156.)

710 (Indien 64.)

Pṛthīrājarāsa.

Kanavajisamaya.

XIXe siècle. Écriture nāgarī. Papier indien, 235 × 155 mm., 174 pages, 20 l., 10 à 15 akṣ. (Burnouf, 158.)

711 (Indien 65.)

Calendrier hindou.

XIXe siècle. Écriture nāgarī. Papier indien, 250 × 115 mm., 244 pages, 15 à 40 l., 30 à 50 akṣ. (Ch. d'Ochoa, 160.)

712 (Indien 66.)

Poème bengali.

XIXe siècle. Écriture bengalie. Papier indien, 250 × 195 mm., 181 pages, 22 l., 12 akṣ.

713-716 (Indien 67-70.)

Mahābhārata.

En quatre volumes.
67. *Adi-parva,* 280 fol. — 68. *Virātaparva,* 77 fol. — 69. I. *Bhīsma-parva.* II. *Karṇa-parva,* 71 fol. — 70. I. *Jana-parva.* II. *Musala-parva.* III. *Narī-parva,* 110 fol.

En bengali. — Mss. provenant d'Aussant (Oussaint, Ousseint, Ouessant), interprète du Roi pour les langues de l'Hindoustan en les années 1782 et suivantes.

XVIIIe siècle. Écriture bengalie. Papier indien, 360 × 135 mm., 1076 pages, 8 à 9 l., 30 à 40 akṣ.

717 (Indien 71.)

Strīlokavarṇana.

En bengali.

XVIIIe siècle. Écriture bengalie. Papier indien, 385 × 135 mm., 6 pages,
9 l., 25 à 30 akṣ (Fonds Aussant, n° 8.)

718 (Indien 72.)

Kālikapurāṇa

Traduction bengalie d'une partie de ce purāṇa, par Çiva-
rāmaghoṣa.

XVIIIe siècle. Écriture bengalie. Papier indien, 400 × 130 mm., 44 pages,
9 l., 25 à 30 akṣ. (Fonds Aussant, n° 1.)

719 (Indien 73.)

Vidyāsundara.

En bengali.

1784. Écriture bengalie. Papier indien, 385 × 130 mm., 100 pages,
9 l., 40 à 50 akṣ.

720 (Indien 74.)

Fac-simile d'une inscription indienne. (Praçasti.)

En grands caractères de 10 à 12 centimètres de hauteur.

1829. Papier indien, une feuille de 200 × 95 centimètres, 4 lignes,
54 akṣ.

721 (Indien 75.)

Ardā-virāf-nāmeh.

Traduction guzeratie, avec peintures.

XVIIIe siècle. Écriture guzeratie. Papier indien, 235 × 270 mm.,
272 pages, 14 et 15 l., 12 à 15 akṣ. (Anquetil-Duperron.)

722 (Indien 76.)

Ardā-virāf-nāmeh.

En guzerati. Notice détaillée d'Anquetil-Duperron. — Peintures.

XVIIIe siècle. Écriture guzeratie. Papier indien, 235 × 165 mm., 288 pages, 15 l., 10 à 15 akṣ.

723 (Indien 77.)

Prières, formules de mariage des Chrétiens, en portugais et en malabar (tamoul de la côte de Coromandel).

1. Forma de fazer a estaçào os domingos. — 2. Id. En tamoul et trad. portugaise interlinéaire. — 3. A explicaçào da doutrina christàa. — 4. Ordo divini officii. — Tabula temporaria. — Tables du soleil.

1756. Papier européen, 236 × 160 mm., 112 pages, 15 à 30 l., 20 à 30 akṣ. (Anquetil-Duperron, 24.)

724 (Indien 78.)

« Doctrine chrétienne en canarin de Goa et en portugais. »

Note de la main d'Anquetil-Duperron.

XVIIIe siècle. Caractères latins. Papier européen, 155 × 100 mm., 209 pages, 20 à 22 l., rel. peau de serpent. (Anquetil-Duperron, 23.)

725-726 (Indien 79-80.)

Secrétaire bengali.

En deux volumes. — Texte bengali; intitulés en français, par Aussant, interprète-juré du Roi.

1779. Écriture bengalie. Papier européen, 205 × 165 mm., 190 pages, 10 à 15 l., 10 à 20 akṣ. (Fonds Aussant.)

727 (Indien 81.)

« Générations française, persane, maure et bengale.

Traduite et arrangée par moi, Aussant, interprète juré des langues ci-dessus dénommées. Année 1782. »

Noms de parenté classés et disposés par colonnes.

1782. Écritures persane et bengalie. Papier indien, 350 × 230 mm., 12 pages, 15 l., 10 à 30 akṣ. (Fonds Aussant.)

728 (Indien 82.)

« Alphabetum grandonico-malabaricum simulque Grammatica linguę vulgaris dictę regionis. Studio et labore P. Valentini Manfredi, carmelitę excalceati Miss[i] Apos[i] Malabarę 1814. »

1814. Papier européen, 320 × 215 mm., 106 pages, 29 l., 25 à 35 akṣ.

729 (Indien 83.)

« Dictionnaire abrégé françois et bengale, contenant environ 11000 mots françois et 30000 mots bengales. Les mots françois tirés sur deux lettres seulement par ordre alphabétique. Fait et composé par moy Augustin Aussant, interprète juré des langues de l'Inde. En 1783. »

1783. Caractères latins. Papier européen, 290 × 215 mm., 384 pages, 30 l. (Fonds Aussant).

730 (Indien 84.)

« Vocabulaire françois et bengale, contenant environ 12500 mots français et le double ou triple en bengale, tiré au net sur une seule lettre alphabétique par moy soussigné, dans la prison de la Nouvelle Jail à Calcutta dans le Bengal. Commencé du jour de mon entrée en prison, qui était le 10 mars 1781. Et finy dans le mêsme endroit le 31 aoust 1781. Aussant, interprète juré pour les langues persanne, maure et bengale. Fini de retirer au net sur deux lettres en 1783. »

1783. Caractères latins. Papier indien, 290 × 205 mm., 360 pages, 38 l. (Fonds Ouessant.)

731 (Indien 85.) (1)

« Vocabulaire françois, anglois, portugais de l'Inde, persan, maure et bengale, contenant de 3700 à 3800 mots..., fait par moi Aussant,... à Chandernagore, l'an 1782. »

Vocabulaire sur 6 colonnes et distribué par matières.

1782. Caractères latins. Papier européen, 225 × 305 mm., 196 pages, 23 l. (Fonds Ouessant.)

732 (Indien 87.)

Mahratta Proverbs.

Part I. — Incomplet.

XIXᵉ siècle. Écriture nāgarī. Papier européen, 300 × 210 mm., 64 pages, 8 l., 10 à 20 akṣ.

733 (Indien 88.)

I. *Abhayakumārakathā*

II. *Kalpasūtra.*

III. *Kalpalatā.*

XIXᵉ siècle. Écriture nāgarī. Papier européen, 200 à 270 × 330 mm., 19 pages, 13 l., 15 à 25 akṣ.

734 (Indien 89.)

Copies d'anciennes incriptions de l'Inde.

La dernière feuille porte une traduction anglaise.

XIXᵉ siècle. Écritures diverses. Papier européen, 400 × 295 mm.

735 (Indien 90.)

Illustrations of Hindoo mythology.

XIXᵉ siècle. 18 planches lithographiées de 295 × 195 mm. et 3 autres de 485 × 305 mm. (Ch. d'Ochoa.)

(1) Le ms. indien 86 est devenu Océanien n° 2.

736 (Indien 91.)

« Notes diverses prises en voyage. 1843-1844. — Bibliographie et littérature orientales. — Quelques notes grammaticales sur le persan, le samskrit, le bacha, le mahratte,
l'hindoustani, etc. — Listes de collections de manuscrits
et d'imprimés étrangers, par Ch. d'Ochoa. »   .

XIXe siècle. Écritures diverses. Papier européen, 170 × 115 mm.,
407 feuillets.

737 (Indien 92.)

« Dictionarium latino-hystorico-mythologico-samscre-
donico-melabaricum. Studio et opera P. Valentini Manfredi,… anno 1811. »   o

Voir le n° 82.

1811. Écriture tamoule. Papier européen, 315 × 205 mm., 378 et
402 pages, 40 l., 10 à 25 akṣ.

738 (Indien 93.)

« Vocabulaire-bengal, françois et portugais de l'Inde…
(par Aussant, interprète-juré du Roy). 1785. »

1785. Écriture bengalie. Papier indien, 200 × 130 mm., 94 pages,
3 colonnes, 17 l., 8 à 15 akṣ. (Fonds Aussant.)

739 (Indien 94.)

« Principes ou Vocabulaire bengaly, 8bre [17]74 » (par
Aussant ?).

Syllabaire (p. 2-4). — Textes, calculs (pl. 20-22).

1774. Écriture bengalie. Papier européen, 200 × 165 mm., 74 pages,
10 à 15 l., 10 à 25 akṣ.

740 (Indien 95.)

« Passetems ou Recueil de mots bengal les plus épurés

tirés du samscrit, etc.; tirés par ordre alphabétique sur une lettre seulement. Contenant de 2000 à 2500 mots 1785. [Aussant] interprète juré du Roy. »

1785. Caractères latins. Papier européen, 200 × 140 mm., 278 pages, 22 l. (Fonds Ouessant.)

741 (Indien 96.)

« Vocabulaire bengal et françois, 1785. » (Par Aussant.)

1785. Écriture bengalie. Papier indien, 200 × 130 mm., 100 pages, 18 l., 10 à 20 akṣ. (Fonds Aussant.)

742 (Indien 97.)

« Notes diverses bibliographiques et littéraires durant un voyage dans l'Inde, 1843-1844, par Charles d'Ochoa,... »

1844. Papier européen, 175 × 125 mm., 264 pages (une vingtaine écrites). (Ch. d'Ochoa.)

743 (Indien 98.)

Castes et professions de l'Inde.

Peintures, avec descriptions en tamoul et en français.

1831. Papier. 320 × 210 mm., 213 folios.

744 (Indien 99.)

Divinités et souverains de l'Inde.

Ms. semblable et faisant suite au précédent.

1831. Papier, 320 × 210 mm., 181 folios.

745 (Indien 100.)

Figures coloriées de divinités hindoues.

142 peintures interfoliées.

XVIIIᵉ siècle. Papier, 255 × 230 mm.

746 (Indien 101.)

Vues, fêtes du Jamsé, du feu, des accrochés, cérémonies

relatives aux pagodes, aux mariages, aux obsèques, char du soleil. 18 feuilles entières (avec descriptions en tamoul et en français). — Figures coloriées.

Voir les nᵒˢ 98 et 99.

1831. Papier, 415 × 320 mm.

747-748 (Indien 102-103.)

Candika mangala.

Poème bengali, en deux volumes.

XVIIIᵉ siècle. Écriture bengalie. Papier indien, 400 × 135 mm., 176 et 124 folios, 9 l., 35 à 45 akṣ. (Fonds Aussant.)

749-750 (Indien 104-105.)

« Nomenclature samskrite, d'après le dictionnaire de H. H. Wilson, avec la correspondance prâkrite et tamile ; travail exécuté suivant mes ordres et sous ma direction par le brahmane Vêdânta Atcharya, 1851-2. E. A[riel]. »

En deux volumes : I (nᵒ 104) A-PAD, 399 feuillets. — II (nᵒ 105) PAD-HLI, 482 feuillets.

1851-2. Écriture tamoule. Papier européen, 230 × 310 mm., 1762 pages, 24 à 26 l., 15 à 30 akṣ.

751 (Indien 106.)

Abécédaire et vocabulaire en uriya.

Volume composé de deux opuscules, l'un imprimé, l'autre manuscrit et exécuté par les soins de M. Ariel.

XIXᵉ siècle. Écriture uriya. Papier européen, imprimé 180 × 105 mm., 30 pages ; manuscrit 205 × 133 mm., 182 pages.

752 (Indien 107.)

« Catéchisme moral du Malabar. Composé par le véné- rable Monseigneur F. Ange François de Ste Thérèse, carme déchaussé, évêque métropolitain, et vicaire apostolique à la coste du Malabar dans les Indes. »

XVIIIe siècle. Écriture tamoule. Papier européen, 155 × 195 mm., 410 pages, 19 l., 10 à 20 akṣ. (Bibliothèque de l'Arsenal.)

753-754 (Indien 108-109.)

Figures de divinités hindoues.

En deux volumes. — I (108). 27 figures, avec explication en singhalais. — II (109). 9 figures.

XIXe siècle. Papier 405 × 200 mm.

755 (Indien 110.)

Dāsa-bodha.

En mahratte.

XIXe siècle. Écriture nāgarī. Papier européen, 260 × 140 mm., 948 pages, 10 l., 20 à 30 akṣ.

756 (Indien 111.)

Pañj granthī.

Collection d'hymnes extraits de l'*Ādi Granth*. En penjabi.

XIXe siècle. Écriture penjabi. Papier européen, 170 × 170 mm., 970 pages, 15 l., 10 à 15 akṣ. (Fonds Polier.)

757 (Indien 112.)

Recueil de fac-similés d'inscriptions en nāgarī, grantha, canari et telugu, rapportés de l'Inde par sir Walter Elliot. (Actes de donation provenant de Madras, Mysore et pays Telugu.)

XIXe siècle. Écritures diverses. Papier, 260 à 310 × 105 à 200 mm., 364 pièces. (Don du comte de Noer (prince de Schleswig-Holstein), 2 août 1875.)

758 (Indien 113.)

Les douze signes du zodiaque, coloriés, avec une figure
au milieu.

Les noms des signes sont en singhalais.

XIX⁰ siècle. Papier, 615 × 565 mm.

759 (Indien 114.)

Pañj granthī.

En penjabi.

XIX⁰·siècle. Écriture penjabi. Papier indien, 170 × 125 mm., 474 pages,
7 l., 10 à 20 akṣ.

760 (Indien 115.)

Bhāgavata purāṇa.

19⁰ chapitre de la 10⁰ section. — Sur la feuille de garde,
on lit : « M. Hamilton, Dacca, 15 sept. 1795. ». En bengali.

XVIII⁰ siècle. Écriture bengalie. Papier européen, 315 × 200 mm.,
216 pages, 2 col., 37 à 40 l., 10 à 15 akṣ.

761 (Indien 116.)

Caitanya-caritra.

En bengali.

XVIII⁰ siècle. Écriture bengalie. Papier indien, 385 × 130 mm.,
198 pages, 10 à 12 l., 40 à 50 akṣ. (Abbé Gurin, n⁰ˢ 46, 47, 48. — Ancien
sanscrit bengali 205.)

762-763 (Indien 117-118.)

Notes diverses en guzerati (calculs, comptes, etc.)

En deux volumes.

XIX⁰ siècle. Écriture guzeratie. Papier indien, I (117). 560 × 240 mm. ;
II (118). 640 × 260 mm., 250 et 500 pages, 25 à 40 l., 10 à 30 akṣ.

764 (Indien 119.)

« Passe-ports et lettres en indou de Sûrate. »

Note de la main d'Anquetil-Duperron sur l'une des pièces.

XVIIIe siècle. Écritures diverses (nāgarī, bengali, etc.). Papier indien, 10 feuillets, 120 à 400 × 90 à 120 mm., 5 à 33 l.

765 (Indien 120.)

Yajurveda, en malayalam.

XVIIIe siècle. Écriture malayalam. 94 olles, de 250 × 50 mm., 7 l., 20 à 30 akṣ.

766 (Indien 121.)

Lettres de Hayder Ali.

Ces lettres font partie de la collection Picot (Fr. nouv. acq. 9001, 9005-9007) et portent à l'encre les marques suivantes qui renvoient au tome (chiffre romain) et à la page (chiffre arabe) de cette collection : 48 (X)[1], 96 (X)[2], 117 (XIV)[3], 21 (XV)[4], 24 (XV)[5], 136 (XVI)[6], 137 (XVI)[7], 161 (XVI)[8].

XVIIIe siècle. Écriture malayalam. 8 olles, de 325 à 430 × 30 à 35 mm., 4 à 5 l., 20 à 45 akṣ.

767-772 (Indien 122-127.)

Textes religieux et astrologiques, en malayalam.

En six volumes. — Figures et diagrammes magiques.

XVIIIe siècle. Écriture malayalam. 184, 223, 96, 19, 117 et 172 olles, de 115 à 180 × 30 à 35 mm., 5 à 8 l., 10 à 30 akṣ.

773 (Indien 128.)

Texte en kōlĕluttu.

XVIIIe siècle. Écriture kōlĕluttu. 78 olles, de 310 × 40 mm., 6 l., 25 à 35 akṣ.

774 (Indien 129.)

Fragment en uriya.

XVIIIe siècle. Écriture uriya. 19 olles, de 305 × 30 mm., 3 l., 25 à 35 akṣ.

775 (Indien 130).

« Gangâ Mahâtmya. Histoire de la grandeur du Gange, en langue et en caractères Uriya ; très beau manuscrit, d'une main ancienne. »

Note de la main de Burnouf, collée sur un des ais du ms.

XVIIIe siècle. Écriture uriya. 1i3 olles, de 365 × 3o mm., 4 et 5 l., 45 à 55 akṣ. (Burnouf, 197.)

776 (Indien 131.)

Guṇasāgara.

XVIIIe siècle. Écriture uriya. 247 olles, de 4i5 × 3o mm., 3 et 4 l., 4o à 5o akṣ. (Don de Mme Burnouf.)

777 (Indien 132.)

Lettres en malayalam.

1. Lettre du prince Cherrequel au comte du Prat (28 novembre 1773). — 2. Lettre de Corringote Naïr au même (27 décembre 1773). — 3. Lettre du roi de Cottiate au même (31 mars 1774). — 4. Seize olles simples ou doubles faisant partie de la correspondance des princes indiens avec le comte du Prat (1773-1774).

XVIIIe siècle. Écriture malayalam. 2o olles, de 345 à 1i3o × 3o mm., 3 à 5 l., 25 à 12o akṣ. (Don Cuvier.)

778 (Indien 133.)

Fragment de *purāṇa.*

XVIIIe siècle. Écriture malayālam. 12o olles, de 245 × 44 mm., 7 l., 2o à 25 akṣ.

779 (Indien 134.)

Flos santorum (*sic*). Historia das vidas e feitos heroicos e obras isignes dos santos..., pello Padre Frey Amador de

Sancta Anna..., reduzido em lingua canarim. Em Goa...
Año 1607.

1607. Écriture canaraise. Papier européen, 285 × 200 mm., 1616 pages,
41 à 42 l., 20 à 30 akṣ. (Ancien fonds, n° X, et précédemment Télinga
et Tamoul 503.)

780 (Indien 135.)

I. « Missa syriaca, in linguam malabaricam conversa et
haec in latinam. »

Les articles II et III du ms. primitif constituent le n° 10105
du fonds latin. — Tamoul et latin.

XVIIIe siècle. Écriture tamoule. Papier indien, 270 × 210 mm., 208 pages,
20 à 22 l., 10 à 15 akṣ. (Ancien Tamoul 39 et Télinga 59.)

781 (Indien 136.)

Lettre en malabar (tamoul), sur une olle repliée 5 fois
sur elle-même.

L'étui dans lequel elle est renfermée porte : « Debole con-
trasegno di gratitudine. »

Écriture tamoule. 1 olle, de 510 × 30 mm. 4 l., 40 à 50 akṣ. (Don
Burnouf.)

782 (Indien 137.)

Rudra poh (Roodre Potee).

Fragment.

XIXe siècle. Écriture mahratte cursive. Papier indien, 120 × 110 mm.,
18 pages, 10 à 15 akṣ. (Dernier don Burnouf.)

783 (Indien 138.)

Texte guzerati (?), précédé d'une invocation en persan.

XIXe siècle. Écriture guzerate. Papier indien, 5 feuilles, de 435 × 490 mm.,
4 colonnes, 41 l., 30 à 45 akṣ. (Dernier don Burnouf.)

784 (Indien 139.)

Stotra.

XVIIIe siècle. Écriture uriya. 39 olles, de 185 × 30 mm., 4 l., 30 à 35 akṣ.

785-789 (Indien 140-144.)

Textes en uriya, très endommagés.

En cinq volumes.

XIXe siècle. Écriture uriya. 60, 44, 122, 16 et 13 olles, de 160 à 230 × 25 à 30 mm., 2 à 4 l., 25 à 30 aks.

790 (Indien 145.)

Empreintes sur toile d'inscriptions recueillies au Cachemire par Saint-Hubert Théroulde dans le cours d'un voyage scientifique (1861).

Ces empreintes portent les mentions suivantes :
1. Bidjtiar (obl.) [, 2 l., $1^m,60 \times 0^m,23$]. — 2. Montagne au nord auprès d'une source ombragée d'un banian [, 9 l., $1^m,34 \times 0^m,38$]. — 3. Ville ou localité indéterminée, [13 l., $0^m,44 \times 0^m,31$]. — 4. Ville du Cachemire indéterminée [, 10 l., $0^m,40 \times 0^m,32$]. — 5. Baramule, près d'une des 7 sources [, 11 l., $0^m,53 \times 0^m,36$]. — 6. Baramule, trouvée à une des 7 sources [, 9 l., $0^m,36 \times 0^m,36$]. — 7. Ville en bas d'un précipice [, 6 l., triangulaire : hauteur $0^m,36$; base $0^m,35$].

791 (Indien 146.)

Empreintes sur toile d'inscriptions recueillies à Delhi (par Saint-Hubert Théroulde?).

1. 3 l., $0^m,65 \times 0^m,35$. — 2. 4 l., $0^m,40 \times 0^m,13$. — 3. 2 l., $0^m,38 \times 0^m,34$.

792 (Indien 147.)

Empreintes sur toile d'inscriptions indiennes prises sur des piliers d'airain (au Cachemire), par Saint-Hubert Théroulde.

Voir les n^{os} précédents :
1. $1^m,32 \times 0^m,35$. — 1 *bis*. $0^m,31 \times 0^m,19$. — 1 *ter*. $0^m,37 \times 0^m,32$. — 2. 6 l., $0^m,59 \times 0^m,32$. — 3. 11 l., $0^m,29 \times 0^m,26$.

793 (Indien 148.)

Empreintes sur toile, analogues aux précédentes, prises par le même, dans des localités de l'Inde non désignées.

1. 8 l., $1^m,38 \times 0^m,51$. — 2. 2 l., $1^m,38 \times 0^m,15$. — 3. 19 l., $0^m,91 \times 0^m,85$. — 4. 19 l., $0^m,90 \times 0^m,85$.

794 (Indien 149.)

Empreintes sur toile analogues aux précédentes.

1. 13 l., $0^m,49 \times 0^m,31$. — 2. 13 l., $0^m,44 \times 0^m,325$. — 3. 6 l., $0^m,41 \times 0^m,32$. — 4. 10 l., $0^m,32 \times 0^m,31$. — 5. 10 l., $0^m,32 \times 0^m,26$. — 6. 11 l., $0^m,32 \times 0^m,24$. — 7. 4 l., $0^m,37 \times 0^m,23$. — 8 et 9. 5 l., $0^m,24 \times 0^m,19$.

795 (Indien 150.)

Empreintes sur toile d'inscriptions indiennes, recueillies par Saint-Hubert Théroulde et portant les mentions suivantes :

1. 10 l., $0^m,22 \times 0^m,285$. — 2. 13 l., $0^m,375 \times 0^m,30$. — 3. 2 l., $0^m,71 \times 0^m,11$. — Sur la figure d'airain de Likna Devī dans le temple de Likna Devī à Burnour ; communiqué par le capitaine Cunningham (Kaçmir). — 4. 3 l., $0^m,860 \times 0^m,11$. Sur le côté droit du piédestal de la figure en bronze du Bull Nandi. — Communiqué par le même.

796 (Indien 151.)

Poésies, en malayalam.

XIXᵉ siècle. Écriture malayalam. 64 olles, de 120 × 30 mm., 3 et 4 l., 15 à 20 akṣ.

797 (Indien 152.)

Deux prières à Parameçvara.

En bengali.

XIXᵉ siècle. Écriture bengalie. Papier européen, I. 195 × 160 ; II. 245 × 190, 9 et 11 l., 15 à 20 akṣ.

798 (Indien 153.)

Notes diverses.

1. Copies d'inscriptions, au crayon, en bengali (2 fol.). —
2. Mentions diverses en bengali avec transcription au crayon
(1 fol.). — 3. Texte portugais, au crayon (1 fol.). — 4. Notes
au crayon et dessin très grossièrement fait (1 fol.).— 5. Mentions à l'encre (portugais et français) (1 fol.). — 6. Un plan
au crayon (1 fol.).

7 pièces, 34o × 20 mm.

799 (Indien 154.)

Recueil de mantras.

XVIIIe et XIXe siècles. Écriture nāgarī cursive. 12 feuillets, 195 ×
110 mm., 10 à 20 l., 15 à 20 akṣ.

800 (Indien 155.)

« Chitare Juttee's papers, 37. »

1. Jeyn Centars. Old Kecrat thumb transc. n° 7... Khoorn
Kanus' chattree transc. n° 7 (fol. 1-2). — 2. Raise of Hindoo
deities n° 10. Large colunn n° 7 (fol. 3-4). — 3. Æras of the
building of cities Temples et Kathor casts (fol. 6ro). — 4. Eras
of the building of certain places. Lives of noted men, etc.
(fol. 6-8). — 5. Translation from Sanskrit books (fol. 8). —
6. List of Aurung Zeb's Letters (fol. 9-10ro). — 7. Extracts
from books (fol. 9-12).

XIXe siècle. Écriture nāgarī. Papier indien, 26o × 200 mm., 24 pages,
17 l., 15 à 25 akṣ.

801 (Indien 156.)

I. Lettre ou pétition signée : *Pa Maria Quadros, 19 oulu-
bro 1821*, et deux signatures en caractères arabes non
ponctués.

II. Lettre en mahratte (?)

III. Fragment guzerati.

IV. Diagrammes magiques.

XIXᵉ siècle. Écritures mahratte et guzeratie. Papier indien, 210 à
365 × 160 à 350 mm., 8 pages, 10 à 20 l., 15 à 30 akṣ.

802 (Indien 157.)

Cinq morceaux de toile, portant chacun un mot en caractères devanāgarīs.

1. *Cakākambhāra.* — 2. *Gorākubhāra.* — 3. *Vārīdāmājī-
pamta.* — 4. *Jenābāyi.* — 5. *Kālāpātrā.*

XVIIIᵉ siècle. Écriture nāgarī. 125 × 95 mm.

803 (Indien 158.)

Fragment guzerati.

Fol. 8-42.

XIXᵉ siècle. Écriture guzeratie. Papier indien, 240 × 230 mm., 68 pages,
16 l., 15 à 20 akṣ

804 (Indien 159.) (1)

Textes religieux, fragments de poème, lettres missives,
en mahratte.

XIXᵉ siècle. Écriture mahratte. Papier indien, 30 pièces de dimensions
différentes, en une liasse in-4°.

805 (Indien 167.)

Quatre pièces comptables, en guzerati.

XIXᵉ Écriture guzeratie. Papier indien, 1ᵐ,70 à 2ᵐ,30 × 140 mm., 50 à
220 l., 5 à 20 akṣ.

806 (Indien 168.)

Trois pièces comptables, en guzerati.

XIXᵉ siècle. Écriture guzeratie. Papier indien, 570, 670 et 1120 × 125 mm.,
8 à 15 akṣ.

(1) Les pièces nᵒ 160 à 166 ont été réunies au nᵒ 159.

807 (Indien 169.)

Une pièce comptable, en guzerati.

XIXᵉ siècle. Écriture guzeratie. Papier indien, 540 × 415 mm., 5 à 40 l.,
5 à 25 akṣ.

808 (Indien 170.)

Cinq pièces comptables, en guzerati.

XIXᵉ siècle. Écriture guzeratie. Papier indien, 385 à 590 × 100 mm., 12
à 75 l., 10 à 20 akṣ.

809 (Indien 171.)

Papiers de commerce, en guzerati, avec acceptation, endossement et date en français.

I. 19 pièces signées : D. d. J. et L. B., datées de Bilhowa,
22 et 31 juillet; 5, 16, 18, 28, 30 (2 pièces) août; 14, 21,
24 (3 pièces), 26 octobre; 18 (3 pièces) novembre; 17 et
25 décembre 1785.

II. 25 pièces signées : D. d. J. et L. B., datées de Borrah
8 (2 pièces), 15, 16 (2 pièces), 20, 30 septembre; 4, 10,
11 octobre; 10, 22, 27 (4 pièces), 30 novembre; 3, 7, 9
(3 pièces), 10 (2 pièces) décembre 1785.

XVIIIᵉ siècle. Écriture guzeratie. Papier indien, 200 × 130 mm., 7 à 8 l.,
10 à 15 akṣ.

810 (Indien 172.)

Papiers de commerce, en guzerati, avec acceptation,
endossement et date, en français ou en anglais.

I. 18 pièces signées : D. d. J. et L. P., datées de Borrah
6, 17 et 26 janvier; 1ᵉʳ (4 pièces), 13, 15 (4 p.), 20 et 28 mars;
21 et 28 septembre; 8 et 17 novembre 1786.

II. 9 pièces signées : D. d. J. et L. P., datées de Asseyne 5
(2 pièces) et 22 mai (2 p.); 9 juillet (2 pièces); 1ᵉʳ août; 20 et
24 octobre 1786.

III. 1 pièce signée : D. d. J. et L. P., datée de Degaywan,
le 6 août 1785.

IV. 5 pièces signées : L. Perceret, portant la mention :
« Accepted... the 18th (2 pièces); the 28th january 1786 (2 p.). »

V. 28 pièces signées : L. Perceret, portant la mention :
« Rs (suit un nombre) on my self at Lucknow », datées des
6th, 11th june; 6 (4 p.); 21th july (3 pièces); 19th august (3 p.);
1th (4 p.); 3th (3 p.); 11th (2 p.); 28th september; 16th october
(2 p.); 2th, 29th november 1786 (3 p.).

XVIII° siècle. Écriture guzeratie. Papier indien, env. 120 × 190 mm., 7
à 9 l., 10 à 20 akṣ.

811 (Indien 173.)

Papiers de commerce, en guzerati.

Onze pièces sans mention européenne. Dates : 1er janvier
(5 pièces); 10, 29 avril (3 p.); sans indication de mois (2 p.)
1786.

XVIII° siècle. Écriture guzeratie. Papier indien, env. 125 × 150 mm.,
7 l., 10 à 20 akṣ.

812 (Indien 174.)

Papiers de commerce, en guzerati.

I. Une pièce portant la mention suivante : « *D. d. J. &
L. P. Lucknow le 3 mars 1787.* »

II. Quinze pièces avec cette mention : « *Furn. Rs.* (suit un
nombre) *on my self at Furockabad of* (ici une date) *order of
M. Dudrence. Porah* (aux dates ci-après : *8., 9. april;
2 (2. pièces), 8. (2 p.), 12., 13. may; 6. (2 p.), 14. june (4 p.);
6. september 1787.* »

XVIII° siècle. Écriture guzeratie. Papier indien, env. 240 × 115 mm., 7
à 9 l., 10 à 20 akṣ.

813 (Indien 175.)

Quarante reçus, en persan et d'une écriture très peu
lisible, donnés pour des avances de grains faites en 1189
(= 1775) par un certain دوهاردی (Du Hardy?) à des cultiva-
teurs, qui devront lui en payer le montant (toujours évalué

en roupies) à une époque déterminée. La formule, accompagnée d'une mention en guzerati, est la même pour toutes les pièces. La dernière seule porte la signature française « L. Perceret », avec la date du 4 août 1785, et, au dos, une acceptation en anglais du 4 août, de la même année.

XVIIIᵉ siècle. Écriture persane et guzeratie. Papier indien, 195 × 110 mm., 10 l., 10 à 25 akṣ.

814 (Indien 176.)

Trois sauf-conduits.

I. Sauf-conduit portant une formule imprimée en persan et en bengali, avec cette mention : « Nᵒ 107. Patna the 3ᵈ April 1782 (signé) Henry Kurle, Coll. Gov. Customs. »

II. Mêmes formules qu'au précédent, mais manuscrites et signées : « Henry Kurle, Coll. Gov. Customs, Nᵒ 135. Patna, the 12ᵈ April [17]82. »

III. Autre sauf-conduit manuscrit, en persan et en guzerati. Date : 23 redjeb 1181 (= 1777).

XVIIIᵉ siècle. Écritures persane, guzeratie et bengalie. Papier indien, 475 × 210 mm., 10 à 15 l.

815 (Indien 176 *bis*.)

Fragment d'un traité astronomique, en bengali.

XIXᵉ siècle. Écriture bengalie. Papier indien, 101 feuillets en forme d'olles, de 220 à 240 × 45 à 60 mm., 5 à 12 l., 20 à 40 akṣ.

816 (Indien 177, I-II.)

I. كتاب خلاصة المعاملات

Sur les cérémonies et les pratiques de la religion musulmane, en dialecte du Dekhan et en vers.

II. كتاب انواع العلوم

Traité de jurisprudence, en deux parties. Auteurs cités Maçoudy, Aboul-Leïs, etc.

XVIIᵉ siècle. Écriture persane. Papier indien, 310 × 210 mm., 330 pages, 2 col. 45 l., 20 à 25 akṣ. (Fonds Anquetil 21.)

817 (Indien 178.)

« *Fekey ḥinndy*, ou civilité puérille & honnête, ou les tems, la manière de prier, boire, manger, etc. sont expliqués en maure. A[ussant]. »

XVIII⁰ siècle. Écriture persane. Papier indien, 235 × 170 mm., 36 pages. 2 col., 19 l., 10 à 15 akṣ. (Fonds Aussant.)

818 (Indien 179.)

معراج نامه *Mir'āj nāmeh.*

En vers hindoustanis. — Note d'Aussant, interprète juré, sur la couverture : « Voyage suposé de Mahomet au ciel, en vers maures ; coppié en 1784. »

1784. Écriture persane. Papier indien, 200 × 175 mm., 50 pages, 14 l., 20 à 25 akṣ. (Fonds Aussant.)

819 (Indien 180.)

Vocabulaire hindustani-persan, avec la prononciation en anglais.

A la suite : mois, jours de la semaine, noms de nombres (arabe-persan) ; tableau des verbes les plus usités (persan et hindustani.)

XVIII⁰ siècle. Écriture persane. Papier indien, 225 × 125 mm., 112 pages, 22 l., 15 à 25 akṣ. (Fonds Anquetil, n⁰ 22.)

820 (Indien 181.)

كتاب آموز المنشى L'introduction du mounchy. Vocabulaire usuel persan-hindoustani-français (en transcription arabe), suivi d'historiettes et de sentences en vers et en prose, à l'usage d'Aussant, interprète-juré.

1782. Écriture persane. Papier européen, 205 × 145 mm., 156 pages, 8 à 10 l., 10 à 30 akṣ. (Fonds Aussant.)

821 (Indien 182.)

« Histoire de Nanek (Nānak), patriarche des Sikhs. »

Incomplet du commencement. — En hindoustani.

XVIII⁰ siècle. Écriture persane. Papier européen, 310 × 195 mm.,
352 pages, 21 l., 5o à 6o aḳṣ. (Fonds Gentil, n° 4o.)

822 (Indien 183.)

Commencement du *Diwān* d'Emān.

En hindustani.

1788. Écriture persane. Papier européen, 220 × 155 mm., 82 pages,
2 col., 13 l., 15 à 20 aḳṣ. (Hindustani 4.)

823 (Indien 184.)

Recueil de vers mystiques, disposés en mesnevi.

XVIII⁰ siécle. Écriture persane. Papier européen, 23o × 15o mm.,
38 pages, 2 col., 13 l., 20 à 25 aḳṣ. (Fonds Aussant.)

824 (Indien 185.)

كتاب سور سگر *Kitāb sūr sagar.*

Chansons de Surdas.

1769. Écriture persane. Papier indien, 2o5 × 120 mm., 444 pages, 15 l.,
25 à 35 aḳṣ (Fonds Gentil, n° 8o.)

825 (Indien 186.)

Chansons de Surdas.

Suivies de poésies détachées. — Voir *Journal Asiatique,*
nov. 1827.

XVIII⁰ siècle. Écriture persane. Papier indien, 16o × 24o mm., 57o pages,
18 l., 20 à 3o aḳṣ. (Fonds Polier, n° 2.)

826 (Indien 187.)

كليات ميرزا رفيع سودا

Poésies de Mīrzā Refī' Saudā.

XVIII⁰ siècle. Écriture persane. Papier indien, 275 × 16o mm., 65o pages,
12 l., 15 à 20 aḳṣ. (Fonds Polier, n° 1.)

827 (Indien 188.)

کلستان

Gulistan. Accompagné d'une histoire morale. — En hindoustani.

XVIIIe siècle. Écriture persane. Papier européen, 15o × 196 mm., 356 pages, 12 l. (Fonds Anquetil, n° 19.)

828 (Indien 189.)

Histoire de Padmāvatī, reine de Chitor. Traduite du sanscrit en hindustani par Malek Mohammed.

1719. Écriture persane. Papier indien, 235 × 145 mm., 332 pages, 20 l., (Fonds Gentil, n° 32.)

829 (Indien 190.)

Cinq contes en hindūstāni du Dekhan.

XVIIIe siècle. Écriture persane. Papier indien, 225 × 170 mm., 124 pages, 15 l. (Fonds Anquetil, n° 20.)

830 (Indien 191.)

« Histoire et vie de Armire Hamzah, fils d'Abdoul Matlab, soutien de la religion mahométane, traduite du persan en langue maure ou hindostane. 1784. A[ussant]. 192 pages. 2304 lignes. 18432 mots. 645000 lettres. »

Note de la main d'Aussant, interprète-juré du Roi.

1784. Écriture persane. Papier européen, 170 × 240 mm., 192 pages, 12 l. (Hindustani 6. — Fonds Aussant.)

831 (Indien 192.)

Recueil contenant les noms des empereurs de l'Hindustan, des rois gouverneurs de différentes provinces ; des alphabets, des chiffres, des comptes et un calendrier.

XVIIIe siècle. Écritures persane et nāgarī. Papier indien et européen, 155 × 270 mm., 62 pages, 15 à 20 l., 25 à 3o akṣ. (Fonds Anquetil 28.)

832 (Indien 193.)

Notes diverses de la main de Charles d'Ochoa.

Cahier cartonné de 303 feuillets, 13o × 98 mm.

833 (Indien 194.)

Gulistan, traduit en hindoustani. Suivi d'un vocabulaire et de phrases hindustani-anglais.

XVIIIe siècle. Écriture persane. Papier européen, 195 × 225 mm., 3oo pages, 12 l.

834 (Indien 195.)

Les amours de Bīnaẓīr (بينظير), par Mīr Hassan de Dẹhlī.

XVIIIe siècle. Écriture persane. Papier européen, 155 × 195 mm., 196 pages, 9 l.

835 (Indien 196.)

Diwân de Mīr Hassān, de Dehlī.

12i5. Écriture persane et bengalie. Papier européen, 175 × 225 mm., 184 pages, 14 et 23 l., 10 à 25 akṣ.

836 (Indien 197.)

Recueil de vers, en hindustani et en persan.

XVIIIe siècle. Écriture persane. Papier indien, 235 × 16o mm., 78 pages, 16 l.

837 (Indien 198.)

كتاب عاشور نامان Litanies musulmanes, qui se récitent le jour de l'Ashoura.

XVIIIe siècle. Écriture neski. Papier indien, 155 × 26o mm., 98 pages, 11 l.

838 (Indien 199.)

Catalogues de différentes bibliothèques de l'Inde. Livres hindustanis et persans.

1845. Écriture persane. Papier européen, 13o × 2o5 mm., 2oo pages, 9 l. (Ch. d'Ochoa.)

839 (Indien 200.)

« Thesaurus linguae indianae, de latino per proprios caracteres conscriptae, atque in alterâ ex adverso paginâ nostris caracteribus explicatæ..., per F. F. M. Anno 1703. Id est, per F. Franciscum Mariam de Tours, missionarium apostolicum capuccinum. »

Copie exécutée par Anquetil-Duperron.

XVIIIe siècle. Écriture hindustanie. Papier européen, 220 × 335 mm., 25 l. 418 pages. (Fonds Anquetil.)

840 (Indien 201.)

« Thesaurus linguae indianae... »

Copie de l'ouvrage précédent.

XVIIIe siècle. Écriture hindustanie. Papier européen, 305 × 215 mm., 424 pages, 25 l.

841 (Indien 202.)

« Dictionnaire françois et maure, tiré sur une lettre alphabétique contenant 12600 mots françois et le double et plus en maure, fait et composé par moy soussigné, interprette des langues persane, maure et bengale en 1783. Aussant. »

Achevé le 25 février 1784.

1784. En transcription latine. Papier indien, 285 × 200 mm., 322 × 94 pages, 30 l. (Fonds Aussant.)

842 (Indien 203.)

« Dictionnaire françois et maure ou indostan, propre pour le Bengale et la côste de Coromandel, tiré sur deux lettres par ordre alphabétique contenant environ 11300 mots françois et le double ou plus en maure; fait et com-

posé par moi soussigné, interpr[ète] juré des langues persane, maure et bengale. En 1784. Aussant, interprète
juré du Roy et du conseil françois de Ch[andern]uger dan[s]
le B[enga]le. » ·

1784. En transcription. Papier européen, 200 × 285 mm., 392 pages,
29 l., 11228 mots. (Fonds Aussant.)

843 (Indien 204.)

« Grammaire maure, composée, traduitte, corrigée et
augmentée de plusieures parcelles de grammaires angloise,
françoise, maure, etc., par moi Aussant, interprete juré.
Année 1783. »

1783. En transcription. Papier européen, 235 × 350 mm., 59 pages, 35 l.
(Fonds Aussant.)

844 (Indien 205.)

Almanach indien.

XVIII⁰ siècle. Sept rouleaux, dans une boîte. (Fonds Anquetil, n° 27.)

845 (Indien 206.)

Diwān de ʿĀdjiz (عاجز).

En ourdou.

XVIII⁰ siècle. Écriture persane. Papier indien, 125 × 230 mm., 124 pages,
14 l. (Ch. d'Ochoa.)

846 (Indien 207.)

Recueil de poésies en hindustani, par divers auteurs.

XIX⁰ siècle. Écriture persane. Papier indien, 130 × 230 mm., 53 feuillets,
15 l. (Ch. d'Ochoa, n° 2.)

847 (Indien 208.)

Diwân de ʿAlīm Allāh Shāh (عليم الله شاه).

En hindustani.

1841. Écriture persane. Papier européen, 90 × 155 mm., 96 feuillets, 9 l.
(Ch. d'Ochoa, n° 2.)

848 (Indien 209.)

Poésies et chants hindustanis de divers auteurs.

XIXᵉ siècle. Écriture persane. Papier européen, 135 × 205 mm., 322 pages, 12 l. (Ch. d'Ochoa, n° 182.)

849 (Indien 210.)

Roman de Banazir et de Badr-Munīr, par Mīr Ḥassān.

En vers hindustani.

1815. Écriture persane. Papier européen, 135 × 205 mm., 216 pages, 11 l. (Ch. d'Ochoa, n° 5.)

850 (Indien 211.)

كتاب راحَةُ المومنين

Traité sur la religion musulmane, en sindhi; composé en 1130 (=1717).

XIXᵉ siècle. Écriture neski. Papier européen, 150 × 205 mm., 152 pages, 12 l.

851 (Indien 212.)

كليات ميرزا رفيع سودا Poésies de Mīrzā Refī' Saudā.

Quelques feuillets manquants ont été remplacés.

XVIIIᵉ siècle. Écriture persane. Papier indien, 165 × 245 mm., 684 pages, 15 l.

852 (Indien 213.)

Traité de la vie spirituelle.

En hindoustani.

XIXᵉ siècle. Écriture neski. Papier indien, 125 × 190 mm., 224 pages, 11 l. (Ch. d'Ochoa, n° 3.)

853 (Indien 214.)

تاريخ اشم

Histoire du royaume d'Assam, traduite en ourdou par Mīr Behadur 'Ali Husaïni.

XIXᵉ siècle. Écriture persane. Papier européen, 195 × 280 mm., 266 pages, 15 l. (Garcin de Tassy.)

854 (Indien 215.)

قصهٔ خاور شاه

Histoire de Khāwir Shāh, par Mīrzā Madhī ʿAlī Khān Ashik.

XVIIIᵉ siècle. Écriture persane. Papier indien, 130×220 mm., 432 pages, 12 l., miniatures. (Garcin de Tassy.)

855 (Indien 216)

راك پوٿهی *Rāg pōçhī.*

Recueil d'hymnes par Kabir, Nānak, etc. en hindustani et en penjabi (fol. 474-496.)

XVIIIᵉ siècle. Écritures persane et penjabī. Papier indien, 130×175 mm., 1192 pages, 11 et 15 l., 10 à 15 akṣ. (Garcin de Tassy.)

856 (Indien 217.)

یوسف وزلیخا *Yūsuf Zulaikhā.*

Adaptation en vers hindustanis du persan de Jāmi, par Muḥammad Amīn du Dekan.

1830. Écriture persane. Papier européen, 135 × 205 mm., 300 pages, 14 l. (Garcin de Tassy.)

857 (Indien 218.)

Biographies des poètes hindustanis, par Mīrzā ʿAlī Luṭf.

XIXᵉ siècle. Écriture persane. Papier indien, 165 × 305 mm., 392 pages, 11 l. (Garcin de Tassy.)

858 (Indien 219.)

Divers alphabets indiens : devanāgarī, grantha, tamoul, télinga, tibétain.

XVIIIᵉ siècle. 22 feuilles de dimensions différentes, reliées en un vol. gr. in-4º.

859 (Indien 220.)

Bhāgavata-purāṇa en hindustani.

Texte versifié à deux colonnes, titres de chapitres en rouge, nombreuses miniatures.

XIXᵉ siècle. Écriture persane. Papier indien, 200×110 mm., 996 pages, 15 l.

860 (Indien 221.)

معراج نامه

Mirāj nāmeh en penjabi.

XIXe siècle. Écriture neski. Papier indien, 235 × 125 mm., 176 pages, 16 l.

861 (Indien 222.)

I. انتخاب الكتب

II. نور نامه

III. قصّه ملان وجاهل

Traités sur les usages de la religion musulmane et adaptation du *M'irāj nameh* en hindustani.

XIXe siècle. Écriture neski. Papier indien, 240 × 150 mm., 124 pages, 15 l. (Darmesteter.)

862 (Indien 223.)

كتاب نافع المسلمين

Livre utile aux Musulmans. — En penjabi.

1855. Écriture neski. Papier indien, 235 × 150 mm., 162 pages, 16 l. (Darmesteter.)

863 (Indien 224.)

Vicāramālā, par Anāthapurī.

Poème en dialecte du Cachemire. — En 8 chapitres.

XIXe siècle. Écriture kaçmīrī. Papier indien, 250 × 170 mm., 36 pages, 17 l., 12 à 15 akṣ.

864 (Indien 225.)

وامق وعذرا *Wāmik wa 'Aẓrā* « Kashmiri love story ».

En dialecte du Cachemire.

XIXe siècle. Écriture taalik. Papier indien, 190 × 120 mm., 80 pages, 12 l.

865 (Indien 226.)

Poème en dialecte du Cachemire.

XIX⁰ siècle. Écriture taalik. Papier européen, 210 × 145 mm., 108 pages,
11 l.

866 (Indien 227.)

Pañj granthī.

Index de 18 folios. — En penjabi.

XIX⁰ siècle. Écriture gurumukhî. Papier indien, 350 × 350 mm.,
1180 pages, 24 l., 10 à 40 akṣ

867 (Indien 228.)

Dossier de Sucet-Singh, prince de Cambā.

Cent treize pièces relatives à ses droits au trône du Cambā,
que lui contestait son frère Gopālasiṃha, né d'une concubine
(la rāṇī Dogarī) tandis qu'il était lui-même fils de la Mahā-
rāṇī Kaṭoca. — En hindustani, persan et anglais.

Au commencement un index des pièces.

Fol. 12 : *Vaṃsā ulırājagānariyāsaja cambā.* (Tableau
généalogique de la famille Sucet-Singh.) — Fol. 59 : *Çrī
kāçīrāja saṃsthāpita.* — Fol. 124 : *Oṃ çrī mahā çrī bhai
sucetasiṃghe gīde vasemdīsem...*—Fol. 155 : We the Residents
and subjects of Chumba do hereby acknowledge Soochait
Singh to be the rightful successor of Rajah Sree Sengh. —
We the Hemendars of Kangra district do hereby acknowledge
Soochait Singh to be the rightful successor of Rajah Sree
Singh. (Suit une liste de 88 + 55 = 143 noms). — Fol. 156.
Mêmes listes en écriture indienne.

XIX⁰ siècle. Écritures taalik, nāgarī, gurumukhî et hindî. Papiers
indien et européen, dimensions générales 350 × 250 mm. Rel. demi-parch.

868 (Indien 229.)

Papiers de famille, comptes de médecin, lettres, corres-
pondances, etc., etc., provenant d'une famille de médecins

dont les chefs s'appelaient Rāmamohana, Rāmamohana Dāsa et Hāri Mohana Dāsa. Le dernier est mort à Chandernagor en 1833 sans laisser d'héritiers. Cf. abbé GUÉRIN, *Catalogue de manuscrits orientaux*, p. 19.

XVIIIe siècle. Écriture bengalie. Papier indien, cent pièces de dimensions différentes, montées en un volume in-folio. Dem.-rel. parchemin. (Abbé Guérin, 56.)

869 (Indien 230.)

Figures humaines, animaux et plantes fantastiques, diagrammes magiques, cercles et calculs divinatoires, en noir et en couleur, avec une brève explication en bengali pour chaque objet.

XIXe siècle. Écriture bengalie. Papier européen, 25 planches de 3ı5 × 4ı0 mm. Demi-rel. chagrin.

870 (Indien 231.)

كتاب انشاى نورتن *Kitāb Inshāy Nauratan.*

Traité d'éthique, incomplet du commencement; copié en 1231 de l'Hégire par Mohammed Bakhsh, pour le nabab Rafaat ed-Daulah Refi el-Mulk Ghazi ed-Din Haïder Khan. — Ms. en mauvais état.

ı8ı5. Écriture taalik. Papier indien, ı58 × 2ʻ5 mm., ıy3 feuillets, ı5 l. Demi-rel.

871 (Indien 232.)

Recueil de poésies et de traditions musulmanes, en hindustani.

XVIIIe siècle. Écriture taalik. Papier. 23 feuillets de 220 × ı05 mm., ı3 l.

872 (Indien 233.)

عقائد مولانا محمد باقر بيجاپورى

OEuvres poétiques, philosophiques et ésotériques de Mau-
lāna Mohammed Baker Bichāpūrī.

XVIII⁰ siècle. Écriture taalik. Papier indien, 225 × 36o mm., 754 pages,
32 l.

873 (Indien 234.)

Fragment du Diwân d'Aman (اٰمن).

XIX⁰ siècle. Écriture taalik. Papier indien, 125 × 2o5 mm., 32 pages,
11 l.

874 (Indien 235.) (1)

Histoire du guru Har-Govind Singh, sixième guru sikh
après Nānak.

En penjabi.

XIX⁰ siècle. Écriture penjabie. Papier indien, 245 × 165 mm., 1156 pages,
13 l , 20 à 25 akṣ.

875 (Indien 237.)

Histoire de Mahmud et Ayaz.

En dialecte du Cachemire.

XIX⁰ siècle. Écriture kaçmīrī. Papier indien, 15o × 220 mm., 3o pages,
13 l., 6 à 12 akṣ.

876 (Indien 238.)

Histoire de Yusuf et Zuleïkha.

En dialecte du Cachemire.

XIX⁰ siècle. Écriture kaçmīrī. Papier indien, 22o × 15o mm., 1o4 pages,
12 l., 1o à 12 akṣ.

(1) Le ms. indien 236 est devenu Supplément persan 1743.

877 (Indien 239.)

Histoire de Shirin et de Khosrau.

En dialecte du Cachemire.

XIXᵉ siècle. Écriture kaçmīrī. Papier indien, 150 × 225 mm., 124 pages, 12 l., 5 à 15 akṣ.

878 (Indien 240.)

Histoire du sheïkh de Sanaan.

En dialecte du Cachemire.

XIXᵉ siècle. Écriture kaçmīrī. Papier indien, 145 × 230 mm., 36 pages, 12 l., 5 à 10 akṣ.

879 (Indien 241.)

Histoire de Wamik et Ozra.

En dialecte du Cachemire.

XIXᵉ siècle. Écriture kāçmīrī. Papier indien, 150 × 225 mm., 140 pages, 12 l., 10 à 15 akṣ.

880 (Sanscrit Dév. 4.)

Rāmāyaṇa.

En vernaculaire.

XIXᵉ siècle. Écriture nāgarī. Papier indien, 215 × 120 mm., 163 pages, 7 à 12 l., 8 à 28 akṣ. 13 miniatures.

881 (Sanscrit Dév. 66.)

Gopācalakathā, par Vargaçaya.

En vernaculaire.

XVIIᵉ siècle. Écriture nāgarī. Papier indien, 290 × 115 mm., 89 pages, 9 l., 34 à 37 akṣ.

882 (Sanscrit Dév. 216.)

Traité de prosodie.

En hindi.

XVIIIe siècle? Écriture nāgarī. Papier indien, 270 × 115 mm., 89 pages, 8 à 9 l., 27 à 30 akṣ.

883 (Sanscrit Dév. 229.)

Susaṭha-kathā.

En pracrit, avec glose marathe.

1789. Écriture nāgarī. Papier indien, 285 × 120 mm., 97 pages, 10 à 14 l., 35 à 70 akṣ. (Haughton.)

884 (Sanscrit Dév. 230.)

Kalpasūtra.

En prâcrit jaina.

Copié pour Charles d'Ochoa et suivi de la « Succession des grands maîtres spirituels de la religion des Djaïns depuis Maha Vir jusqu'à nos jours (Paṭṭāvalī) », texte en nāgarī et transcription en caractères latins.

Copie moderne, exécutée sur un ms. de 1643. Écriture nāgarī. Papier européen, 145 × 220 mm., 273 pages, 23 l., 16 à 18 akṣ. (Haughton.)

885 (Sanscrit Dév. 290.)

Rukmiṇī-saivara.

D'après le 10e livre du *Bhāgavata purāṇa*. — En vernaculaire.

1753. Écriture nāgarī. Papier indien, 210 × 100 mm., 647 pages, 5 l., 18 à 21 akṣ. D.-rel.

886 (Sanscrit Dév. 334.)

Fragment astronomique.

En prâkrit.

XIXe siècle. Écriture nāgarī. Papier indien, 265 × 155 mm., 32 pages, 20 à 30 akṣ. Cart.

887 (Sanscrit Dév. 329.)

Jyotiṣagrahavicāra.

En prâkrit.

1773. Écriture nāgarī. Papier indien, 240 × 140 mm., 9 p., 13 l., 32 à
32 akṣ. Cart.

888 (Sanscrit Dév. 424.)

Naladamayantī rāsa.

En prâkrit.

XVIIIe siècle. Écriture nāgarī. Papier indien, 250 × 100 mm., 67 pages,
13 l., 46 à 50 akṣ. D. rel. (Senart 25.)

889 (Sanscrit Dév. 425.)

Kalpasūtra.

En prâkrit jaina.

XIXe siècle. Écriture nāgarī. Papier indien, 275 × 110 mm., 121 pages,
9 l., 34 à 38 akṣ. D.-rel. (Senart 13.)

IV

MANUSCRITS SINGHALAIS

---

890 (Singhalais 1.)

Rājavaliya.

Note de la main de Burnouf : « La suite des Rois. Histoire ancienne de Ceylan, depuis les temps anciens jusqu'à l'arrivée des Portugais, ouvrage écrit en singhalais. C'est le *Rādjavali* dont la traduction anglaise se trouve dans le recueil d'Upham, t. II. »

XVIIIe siècle. Écriture singhalaise. 69 olles de 385 × 60 mm., 7 à 10 l., 30 à 45 akṣ. (Burnouf, 206.)

891 (Singhalais 2.)

Sulurājavaliya.

Note de la main de Burnouf : « *Sulurâdjavaliya*, Histoire des rois de Ceylan, depuis l'arrivée des Hollandais dans les provinces maritimes jusqu'à l'époque de leur expulsion par les Anglais. Cet ouvrage fait suite au *Râdjavaliya* et tous les deux réunis contiennent l'histoire ancienne et moderne de Ceylan. Le ms. est en langue et en caractères singhalais. »

XVIIIe siècle. Écriture singhalaise. 27 olles de 480 × 45 mm., 7 l., 40 à 50 akṣ. (Burnouf, 210.)

892 (Singhalais 3.)

Fragment de *Jātaka?*

XIXe siècle. Écriture singhalaise. 4 olles de 250 × 40 mm., 7 et 8 l., 15 à 20 akṣ.

893 (Singhalais 4.)

Liste de noms de rois (?).

XIXe siècle, Écriture singhalaise. 7 olles de 210 × 55 mm., 6 à 8 l., 15 à 30 akṣ.

894 (Singhalais 5.)

Fragment grammatical (?).

Liste de mots, accompagnés de nombres en chiffres européens.

XIXe siècle. Écriture singhalaise. 3 olles de 300 × 40 mm., 6 l., 20 à 30 akṣ.

895 (Singhalais 6.)

Ratanāvaliya ou *Suddharma-ratnāvaliya*.

Collection de récits buddhiques expliquant les aphorismes moraux du Dhammapada, compilée vers le XIIIe s. par Dhammasena Thera.

Note de la main de Burnouf : « Ratanâvaliya, ouvrage singhalais qui passe pour être la traduction du célèbre traité pâli, intitulé *Dampiyâva*, dont Upham a donné une analyse (tom. III, p. 208 sqq.). Ce grand et beau manuscrit est écrit avec le plus grand soin. Le *Dampiyâva* fait partie de la division des écritures buddhiques nommées *Sutta*. »

XVIIIe siècle. Écriture singhalaise. 202 olles de 595 × 60 mm., 9 l., 40 à 55 akṣ.

896 (Singhalais 7.)

Dharmapradīpikā.

Note de la main de Burnouf : « Le flambeau de la loi, ouvrage contenant un exposé complet de la religion de Gautama Bouddha. Cet excellent traité est écrit en singhalais, il est entremêlé de textes sanscrits et pâlis. Le manuscrit est de l'an 1828; il n'en est pas moins généralement très correct. »

1828. Écriture singhalaise. 173 olles de 405 × 60 mm., 9 l., 35 à 50 akṣ.

897-900 (Singhalais 8-11.)

Jātaka-pota ou *Pansiya-paṇas-jātaka-pota.*

Version singhalaise du *Jātakatthavaṇṇānā* ou *Jātakaṭṭha-kathā*, faite au xive siècle sous le règne du roi Çrī Parākrama Bāhu de Kuruṇēgala.

8. (= Burnouf 212 I.) *Nipāta* I et II et les 3 premiers textes du *Ṭīkā-nipāta*. Le texte s'arrête au 254e *Jātaka*. — Mq. les *Jātakas* 110, 111, 112 et 170. — 295 olles. — 9. (= Burnouf 212 II.). *Jātakas* 254-478. Mq. *Jātakas* 331, 333, 341, 350, 364, 425, 430 (?), 434 (?), 452, 457, 464, 470, 471. — 295 olles. — 10. (= Burnouf 212 III.). *Jātakas* 479-536. Mq. *Jātaka* 527. — 280 olles. — 11. (= Burnouf 212 IV.). *Jātakas* 537 à la fin. — 260 olles.

XIXe siècle. Écriture singhalaise. 1130 olles de 665 × 65 mm., 7 l., 50 à 70 akṣ.

901 (Singhalais 12.)

Ummaggajātaka.

Note de la main de Burnouf : « *Ummaggadjâtaka*, Naissance de Gâutama en Ummagga, récit de la naissance de Gâutama, qui précéda celle de *Vessantara*, ou la dernière des 550 naissances énumérées dans le célèbre *Djâtaka pota*. Cet ouvrage, écrit en singhalais, fait partie de cette collection; il contient un grand nombre de citations en pâli. Ce manuscrit est d'une écriture magnifique; les caractères sont assez gros et assez nets pour servir de modèle à un graveur. »

Couverture peinte d'ornements jaunes, rouges et noirs.

XIXe siècle. Écriture singhalaise. 184 olles de 630 × 55 mm., 7 l., 40 à 55 akṣ. (Burnouf, 214).

902 (Singhalais 13.)

Ummaggajātaka.

XVIIIe siècle. Écriture singhalaise. 256 olles de 460 × 55 mm., 7 l., 30 à 40 akṣ.

903 (Singhalais 14.)

Vessantarajātakaya.

Note de la main de Burnouf : « *Vêssantaradjâtaka*, Naissance (de Gâutama) en Vessantara. Ouvrage formant une partie du *Djâtakapota*, et contenant le récit de la dernière des 550 naissances de Gâutama. L'histoire de Vessantara est sans contredit la plus célèbre et la plus estimée de ces histoires; on en trouve une analyse dans un petit traité publié à Londres en 1833 sous le titre de *The miniature of Buddhism*... &c., 8°, p. 4 et sqq. Ce manuscrit est en singhalais. »

XVIIIᵉ siècle. Écriture singhalaise. 32 olles de 4oo × 6o mm., 8 l., 3o à 45 akṣ. (Burnouf, 211.)

904 (Singhalais 15.)

Asadrisajātakakavipota.

Note de la main de Burnouf : « *Asadrisadjâtakakavipôta*, poème singhalais en vers, dont le sujet est la naissance de Gâutama Bouddha connue sous le titre *Asadrisadjâtaka*. Beau manuscrit. » — Sur le bois de la couverture : « *Asadrisadjâtaka Kavipota* (acquis de W. Straker), 12 juillet 1833. »

XIXᵉ siècle. Écriture singhalaise. 55 olles de 43o × 5o mm., 4 l., 45 à 55 akṣ. (Burnouf, 209.)

905 (Singhalais 16.)

Saddharmālaṅkāraya.

Note de la main de Burnouf : « *Saddharmâlangkâra*, L'ornement de la bonne loi; cet ouvrage est la traduction singhalaise du *Rasavâhmî* pâli, qui fait également partie de ma collection. Le *Saddharmālangkâra* commence par quatre morceaux, qui, je crois, ne se trouvent pas dans l'original; mais qui n'en doivent pas moins être traduits du pâli, notamment le *Nidânavastu*. »

XVIIIᵉ siècle. Écriture singhalaise. 62ı olles de 465 × 6o mm., 7 l., 45 à 55 akṣ. (Burnouf, 2ı3.)

906 (Singhalais 17.)

Majjhimanikāya.

Ms. formé de fragments différents, dont plusieurs paraissent assez anciens. Couverture sculptée et ornée.

XVIIe siècle? Écriture singhalaise. 190 olles de 340 × 45 mm. (plus un fragment de feuille de 120 × 56 mm.), 4 à 5 l., 25 à 35 akṣ.

907 (Singhalais 18.)

Vimānavastu?

Fragment en langue *élu.*

XIXe siècle. Écriture singhalaise. 11 olles (paginées 160 à 169) de 380 × 60 mm., 8 l., 30 à 40 akṣ.

908 (Singhalais 19.)

Fragment de *Jātaka.*

XIXe siècle. Écriture singhalaise. 27 olles de 480 × 55 mm., 7 l., 30 à 35 akṣ.

909 (Singhalais 20.)

I. *Sūvisivivaraṇa.*
II. *Dahamsoṇḍakathāva.*
III. *Dharmapālajātakaya.*
IV. *Vessantarajātaka.*
V. *Sadevuloka.*
VI. *Caturmahārājikaya.*
VII. *Mahābhinikamaṇa.*
VIII. *Mārayuddhayayi.*
IX. *Satsatiyavuhetiya.*
X. *Çatapenairyāpayāyi.*

Note de la main de Burnouf : « Recueil religieux en singhalais, ou choix de morceaux relatifs aux points les plus importants du Buddhisme, extraits des écritures sacrées conservées en singhalais, comme le *Súvisivivaranaya* extrait du *Púdjavaliya*, p. 1 ; le *Dahamsoṇḍakathâva*, du *Suddharmâlañkâra,* p. 17 ; le *Dharmapâladjâtakaya*, du livre des *Djâtaka*, p. 26 ; le *Vessantarâdjâtaka*, du même livre, p. 28 ; le *Sadevuloka* ; le *Tchaturmahârâdjikaya*, p. 53 ; le *Mahâbhinikamana*, du *Púdjâvaliya*, p. 62 ; le *Mârayuddhayayi*, p. 90 ; le *Satsatiyavuhætiya*, p. 97 ; *Çatapenairyâpaydyi*, p. 106 ; et d'autres petits traités, ou listes de devas, au nombre de treize. »

XVIIIᵉ Écriture singhalaise. 141 olles de 470 × 55 mm., 8 l., 35 à 55 akṣ. (Burnouf, 215.)

910 (Singhalais 21.)

Fragment de syllabaire singhalais ?

XIXᵉ siècle. Écriture singhalaise. 4 olles de 590 × 30 mm., 3 à 5 l., 20 à 35 akṣ.

911 (Singhalais 22.)

Syllabaire singhalais, en grands caractères.

Au verso de la dernière olle on lit : « Tolfrey, nᵒ 3 ».

XIXᵉ siècle. Écriture singhalaise. 7 olles de 490 × 50 mm., 3 l., 15 à 20 akṣ.

912 (Singhalais 23.)

Syllabaire.

XIXᵉ siècle. Écriture singhalaise. 2 olles de 303 × 52 mm., 8 l., 25 à 40 akṣ.

913 (Singhalais 24.)

Sidatsañgarā.

Grammaire classique singhalaise, composée vers le XIIIᵉ ou XIVᵉ siècle, par Vedeha Thera.

XIXᵉ siècle. Écriture singhalaise. 22 olles de 350 × 50 mm., 7 l., 30 à 40 akṣ. (Tolfrey, nᵒ 1.)

914 (Singhalais 25.)

Sidatsañgarā.

Grammaire singhalaise, par Vedeha Thera. — Voir le n° 24. Couvertures en bois verni, ornements jaunes et rouges. Sur le verso de l'une d'elles on lit cette mention (de la main de Burnouf?) : « *Siddhânta Sangraha.* Grammaire singalaise. »

XIX⁰ siècle. Écriture singhalaise. 45 olles de 425 × 55 mm., 8 et 9 l., 35 à 45 akṣ.

915 (Singhalais 26.)

Fragment d'ouvrage religieux.

XVIII⁰ siècle. Écriture singhalaise. 41 olles de 400 × 40 mm., 3 à 6 l., 25 à 40 akṣ.

916 (Singhalais 27.)

Paradigmes des verbes sur le modèle *Pacati*, avec l'équivalent pāli, formes des pronoms personnels et exemples consistant en phrases où entrent ces pronoms.

Sur le verso d'une des olles on lit : « Part of the Singhalese grammar. The tenses of verbs throughout. »

XIX⁰ siècle. Écriture singhalaise. 2 olles de 490 × 50 mm., 6 et 7 l., 35 à 45 akṣ.

917 (Singhalais 28.)

Fragment de grammaire pālie-singhalaise.

Déclinaison des mots, avec indication des suffixes pour chaque cas du singulier et du pluriel et quelques phrases servant d'exemples.

XIX⁰ siècle. Écriture singhalaise. 2 olles de 365 × 60 mm., 8 l., 25 à 40 akṣ.

918 (Singhalais 29.)

Diagrammes magiques, accompagnés d'un texte explicatif.

XIX⁰ siècle. Écriture singhalaise. 25 olles de 23o $\times$ 45 mm., 4 à 6 l., 10 à 3o akṣ.

919 (Singhalais 30.)

Fragment de calendrier (?).

XIX⁰ siècle. Écriture singhalaise. 2 olles de 245 $\times$ 6o mm., 8 à 12 l., 10 à 5o akṣ.

920 (Singhalais 31.)

Recueil d'amulettes et de charmes.

XIX⁰ siècle. Écriture singhalaise. 4 olles de 28o $\times$ 45 mm., 9 à 11 l., 65 à 85 akṣ.

921 (Singhalais 32.)

« An astrological book in the Eloo language. »

D'après une note jointe au ms.

XVIII⁰ siècle. Écriture singhalaise. 2o olles de 34o $\times$ 6o mm., 8 l., 35 à 45 akṣ.

922 (Singhalais 33.)

« *Lila Grahata*, Singaleze almanacks. »

Note jointe au ms.

XIX⁰ siècle. Écriture singhalaise. 3 olles de 485 $\times$ 5o mm., 8 l., 3o à 45 akṣ.

923 (Singhalais 34.)

Fragment astrologique (?).

XIX⁰ siècle. Écriture singhalaise. 5 olles de 38o $\times$ 35 mm., 5 l., 3o à 4o akṣ.

924 (Singhalais 35.)

Bhesajjamañjūsāsannaya, par Vẹliviṭa Piṇḍapāṭika Saraṇaṅkara Saṅgharāja (?).

Note de la main de Burnouf sur le bois de la couverture : « *Bhesadjdja mandjousá*. La corbeille des médicamens, commentaire singhalais sur un ouvrage médical en pâli. »

XVIIIe siècle. Écriture singhalaise. 432 olles de 430 × 55 mm., 6 à 9 l., 5 à 45 akṣ.

925 (Singhalais 36.)

Fragment de *Jātaka* (?).

XIXe siècle. Écriture singhalaise. 6 olles de 460 × 60 mm., 7 l., 20 à 60 akṣ.

926 (Singhalais 37.)

Poème en *élu*.

XIXe siècle. Écriture singhalaise. 27 olles de 215 × 45 mm., 6 l., 15 à 25 akṣ.

927 (Singhalais 38.)

Kavyā saṅgraha pota.

XIXe siècle. Écriture singhalaise. 74 olles de 415 × 35 mm., 4 l., 35 à 40 akṣ.

928 (Singhalais 39.)

Poème en *élu*.

XIXe siècle. Écriture singhalaise. 39 olles de 445 × 35 mm., 4 l., 30 à 40 akṣ.

929 (Singhalais 40.)

Fragment d'ouvrage religieux.

XIXe siècle. Écriture singhalaise. 9 olles de 425 × 55 mm., 8 l., 50 à 60 akṣ.

930 (Singhalais 41.)

Trois fragments d'ouvrages religieux.

XIXᵉ siècle. Écriture singhalaise. 17 olles de 470 × 55 mm., 7 et 10 l.,
40 à 50 akṣ.

931 (Singhalais 42.)

Sakalavidyā.

En pâli et en singhalais.

XVIIIᵉ siècle. Écriture singhalaise. 265 olles de 495 × 55 mm., 6 l., 25
à 35 akṣ. (Burnouf, 57 *bis.*)

932 (Singhalais 43.)

Poème légendaire buddhique, sans titre.

XVIIIᵉ siècle. Écriture singhalaise. 420 olles de 485 × 40 mm., 4 l.,
35 à 55 akṣ.

933 (Singhalais 44.)

Fragment de *Jātaka.*

XIXᵉ siècle. Écriture singhalaise. 11 olles de 185 × 55 mm., 9 l., 15 à
30 akṣ.

934 (Singhalais 45.)

Mantras.

XIXᵉ siècle. Écriture singhalaise. 7 olles de 120 × 55 mm., 9 l., 15 à
25 akṣ.

935 (Singhalais 46.)

Lettre des nobles et des grands de la cour de Kandy, écrite au nom de leur roi au gouverneur général Iman Willem Falck, datée çaka 1609 (= 1687.)

La traduction hollandaise, qui l'accompagne, a été faite en
1760 et commence par ces mots : « Translaat Singaleesche
Brief geschreeven door de Edelen en Grooten van het Kan-
diasche Hof ter ordre van hunnen God en Koning... »

XVIIᵉ siècle. Écriture singhalaise. 2 olles de 1ᵐ,60 × 40 mm., 4 l., repliées

six fois sur elles-mêmes, ornées, l'une de broderies rouges et bleues re-
haussées de filigranes d'or, et l'autre terminée en angle, à l'extrémité
duquel est fixée une houppe de fils de soie rose. 70 à 100 akṣ. — L'original
et la traduction sont renfermés dans un sachet de soie jaune brodé d'argent et d'or.

936 (Singhalais 47.)

Concordance des années de l'ère chrétienne 1825 et
1826, à partir du 11 avril, avec les périodes correspondantes
des ères du Kaliyuga, du Buddha et de Çaka.

Titre encadré et ornementé. Mention sur papier collée sur
la dernière olle : « Donné à mon ami et confrère E. Burnouf.
Ph. Le Bas. »

XIXe siècle. Écriture singhalaise. 26 olles de 190 × 40 mm., 8 l., 25 à
35 akṣ.

CATALOGUE SOMMAIRE

DES

MANUSCRITS INDO-CHINOIS

DE LA

BIBLIOTHÈQUE NATIONALE

I

MANUSCRITS BIRMANS

1 (Birman 1.)

Liste de 200 ouvrages buddhiques avec les noms de leurs auteurs.

(*Tripiṭaka*, commentaires, etc.) composés à Ceylan, dans l'Inde et en Birmanie jusqu'en 1600. A. D.

XVIIIe siècle. Écriture birmane. 15 olles de 500 × 50 mm., 20 à 35 akṣ.

2 (Birman 2.)

Ça miṅgala-pyŏ (= *Maṅgala-sutta*).
En birman.

1797. Écriture birmane. 32 olles de 505 × 60 mm., 8 l., 20 à 40 akṣ.

3 (Birman 3.)

I. *Maṅgala-sutta*. En pāli-birman.

II. Code de lois, en vers.

III. Législation birmane. Code de lois du Magadha, de l'Arrakan, du Pégou.

XIXᵉ siècle. Écriture birmane. Papier européen. 54 feuillets de 225 × 320 mm., 25 à 3o l., 20 à 25 akṣ.

4 (Birman 4.)

I. *Maṅgala-sutta*. — En pāli.

II. Histoire abrégée de la fondation du royaume d'Arrakan. — En birman.

III. Liste des rois et reines qui ont régné en Arrakan. — En birman.

IV. *Souddhammatsari ming zmmi phyat-ton.* — Texte birman et traduction anglaise.

Et divers traités en anglais et en birman.

XIXᵉ siècle. Écriture birmane. Papier européen, 79 feuillets de 225 × 320 mm., 25 à 3o l., 20 à 25 akṣ.

5 (Birman 5.)

Zat daū paṭhama touay (= Eka nipāta jātaka).

Première partie du *Jātaka*.

1786. Écriture birmane. 111 olles de 510 × 50 mm., 9 l., 20 à 40 akṣ.

6 (Birman 6.)

Zat daū 550 dutiya touay.

Cent *Jātakas* abrégés.

1786. Écriture birmane. 86 olles de 510 × 50 mm., 9 l., 20 à 40 akṣ.

7 (Birman 7.)

Zat daū 550 *tatiya touay*.

Suite de l'ouvrage précédent. — 40 *Jātakas* abrégés.

1786. Écriture birmane. 37 olles de 510 × 55 mm., 9 l., 20 à 40 akṣ.

8 (Birman 8.)

Hatthipālajātaka (Hatti pala zat.)

Légende d'Hatthipāla, en vers birmans (= *Jātaka Visati-nopata*, 26).

1782. Écriture birmane. 61 olles de 500 × 55 mm., 9 l., 20 à 35 akṣ.

9 (Birman 9.)

Saddha pinyū ça.

Épisode arrangé de l'histoire de Bhuridatta, où quatre femmes du roi des Dévas proposent des énigmes qui sont résolues par Bhuridatta.

XIXe siècle? Écriture birmane. 12 olles de 510 × 45 mm., 8 l., 20 à 40 akṣ.

10 (Birman 10.)

Man-sek-daū-Asmaiṅ.

Légende buddhique birmane. — Les deux premières olles sont en pāli et en birman.

1777. Écriture birmane. 12 olles de 440 × 50 mm., 8 l., 20 à 35 akṣ.

11 (Birman 11.)

Nibban aṅga.

Légendes édifiantes tirées du *Khuddakanikāya*, à l'exception d'une seule qui est traduite de l'*Aṅguttaranikāya*. — Recueil en vers et en prose, composé en 1800 de J.-C.

1836. Écriture birmane. 43 olles de 482 × 45 mm., 7 l., 20 à 35 akṣ.

12 (Birman 12.)

Paramatta mainjusa (= Paramattha-mañjūsā.

Recueil divisé en trois parties : métaphysique, cosmogonie et astronomie, tiré de nombreux textes pālis traduits en birman et composé aux XIIe et XIIIe siècles par un supérieur de monastère à Pagan, métropole du buddhisme en Birmanie.

1832. Écriture birmane. 54 olles de 490 × 55 mm., 7 l., 20 à 40 akṣ.

13 (Birman 13.)

Khanda-ñaḥ bāḥ akuè.

Ouvrage divisé en quatre parties : métaphysique, morale, proverbes birmans, vocabulaire orthographique. — Incomplet. — En pāli et birman.

XIXe siècle. Écriture birmane. 45 olles de 480 × 45 mm., 7 l., 20 à 35 akṣ.

14 (Birman 14.)

Hnŭp si paramat.

Recueil, basé sur le *Suttapiṭaka*, le *Dīpavaṃça* et le *Mahāvaṃça*, qui peut se diviser en trois parties : Divers cercles de l'enfer; les Buddhas; le Buddhisme à Ceylan et en Birmanie.

1831. Écriture birmane. 34 olles de 485 × 50 mm., 6 l., 20 à 35 akṣ.

15 (Birman 15.)

Paramatta hmat tsu.

Cosmologie.

XIXe siècle. Écriture birmane. 8 olles de 500 × 50 mm., 7 l., 20 à 40 akṣ.

16 (Birman 16.)

Vie du Buddha.

En pāli et birman.

XVIIIe siècle. Écriture birmane. 68 olles de 505 × 50 mm., 8 l., 20 à 40 akṣ.

17 (Birman 17.)

Ashe pye phiĕt bŏ pyek bo... biadeit sait ça.

Le Buddha prédit à Ananda la fondation et les fastes du royaume d'Ava.

Des prédictions pour les années 1819 à 1856 terminent l'ouvrage; elles sont données en années birmanes et années du *nirvāṇa*.

1857. Écriture birmane. 12 olles de 245 × 45 mm., 20 à 25 akṣ.

18 (Birman 18.)

Phra sakhiṅ pari nibban uiṅ zi nĕ ka sa yué çayāḥ asin.

Compilation historique renfermant, par ordre de dates, les principaux événements de l'histoire politique et religieuse de la Birmanie, composée vers 1762 par Atŭla, chef de la religion en Birmanie.

XIXe siècle. Écriture birmane. 8 olles de 500 × 50 mm., 7 l., 20 à 40 akṣ.

19 (Birman 19.)

Fragment d'une chronique birmane politique et religieuse, allant de 1301 à 1695 de J.-C.

XVIIIe siècle. Écriture birmane. 18 olles de 490 × 50 mm., 8 l., 20 à 35 akṣ.

20 (Birman 20.)

Collection de documents relatifs à l'histoire de la Birmanie.

I. Fondation de Yam Pré (Ramree), Sandoway et Mān-auṅ (Cheduba). — II. Les seize grandes contrées et les dix-neuf royaumes du Majjhima Dessa. — III. Fondation de Kapilavastu, de Devadaha et de Kaulya. Généalogie de Siddhartha d'après le Mahāvamça. — IV. Liste des rois et reines d'Arrakan. — V. Édit du roi contre le brigandage et l'adultère. — VI. Rois et princes qui ont régné dans le Majjhima Dessa, depuis le Mahāsammata jusqu'au Bodhisatta Gotama. —

VII. Fondation du royaume d'Arrakan par des princes chassés de l'Inde. — VIII. Position géographique de l'arbre Bodhi, par rapport aux seize contrées du Majjhima Dessa.

1832. Écriture birmane. 31 olles de 495 × 45 mm., 7 l., 20 à 40 akṣ.

21 (Birman 21.)

Documents historiques.

I. Villes de l'empire birman. — II. Capitales et provinces du Majjhima Dessa. — III. Rois et principaux ministres birmans jusqu'en 1820. — IV. Lettre du roi d'Ava au prince d'Arrakan datée de 1775, et Réponse du prince d'Arrakan. — — V. Lettre du vice-roi de Pégu, au nom du roi d'Ava, au vice-roi de l'Inde anglaise, gouverneur de Calcutta. — VI. Lettre de l'empereur de Chine au roi d'Ava (1824), et Réponse du roi, traité de commerce, échange de présents. — VII. État de la province de Danyavatti (Arrakan), en 1803. — VIII. Traité de paix anglo-birman, signé à Yandabo en 1826.

XIXᵉ siècle. Écriture birmane. 23 olles de 495 × 50 mm., 7 l., 20 à 40 akṣ.

22 (Birman 22.)

Rāja saṃ ču.

Décrets et ordres du roi birman Miṅ Tarā Ghi et lettres, en pāli avec traduction birmane, au roi d'Ava. Brève notice sur trois conciles tenus après la mort du Buddha et l'état de la Birmanie à cette époque.

XVIIIᵉ siècle? Écriture birmane. 79 olles de 495 × 65 mm., 8 l., 25 à 35 akṣ.

23 (Birman 23.)

Mriṅ reḥ tak (= myiṅ yeḥ tek).

Ouvrage en vers et prose sur les qualités et les devoirs des ambassadeurs et relations de diverses ambassades.

1781. Écriture birmane. 14 olles de 500 × 60 mm., 9 l., 30 à 40 akṣ.

24 (Birman 24.)

I. **Mélanges historiques.**

Le *Mahāsammata* et ses descendants. Royaumes de l'Inde centrale et dynasties qui les gouvernent.

II. *Lokasamuttikyaṃ* ou rituel funéraire.

1832. Écriture birmane. 23 olles de 495 × 55 mm., 7 l., 15 à 35 akṣ.

25 (Birman 25.)

Poème, composé à Ramree en 1767, en 68 strophes régulières, faisant allusion à divers événements politiques et religieux accomplis en Arrakan. (Fondation de monastères, légendes qui s'y rapportent.)

XIXe siècle. Écriture birmane. 36 olles de 455 × 45 mm., 6 l., 25 à 35 akṣ.

26 (Birman 26.)

I. **Annales du royaume d'Arrakan.**

Traduction anglaise. — Incomplet.

II. *Vessantarajātaka.*

Traduction anglaise.

III. *Dhammapadavattu.*

Traduction anglaise. — Cette version a peut-être été faite sur le texte birman de cet ouvrage, imprimé à Moulmein en 1850.

XIXe siècle. Papier indien? 294 feuillets de 195 × 270 mm., 26 à 28 l.

27 (Birman 27.)

Copie d'une inscription qui se trouve dans une pagode de Ramree (Birmanie).

Elle relate l'introduction du Buddhisme en Birmanie, en l'an 236 du Nirvāṇa, le voyage de religieux birmans à Ceylan et l'état florissant du buddhisme jusqu'en 1771 de J.-C.; puis le schisme de 1783, le rétablissement de la discipline et la condamnation des schismatiques par un concile (1787); elle finit en exprimant l'espoir qu'aucun schisme ne viendra plus troubler la Birmanie.

XIXe siècle. Écriture pāli-carré (les 4 premières olles) et birmane. 7 olles de 490 × 60 mm., 7 l., 15 à 45 akṣ.

28 (Birman 28.)

Man auṅ kă kyauk ça.

Sur la première olle on lit : « Inscription on a stone at Cheduba. W. S. Barnard ». Érection de divers monuments religieux de 1795 à 1800.

XIXe siècle. Écriture birmane. 4 olles de 490 × 55 mm., 7 l., 25 à 35 akṣ.

29 (Birman 29.)

Almanach pour l'an 2377 (= 1834).

XIXe siècle. Écriture birmane. 8 olles de 490 × 55 mm., 7 l., 25 à 35 akṣ.

30 (Birman 30.)

Mahārajassăt.

Abrégé de législation civile et religieuse, par demandes et par réponses. — A la fin plusieurs textes pālis-birmans tirés du *Dharmaçāstra*.

1791. Écriture birmane. 53 olles de 590 × 60 mm., 8 à 10 l., 25 à 35 akṣ.

31 (Birman 31.)

[Mahā-dhamma-vinicchaya.]

Compilation juridique tirée du *Manudhammavilāsa* et du *Mahārajassăt*, faite en 1795 par Leuènandasisu. — La première olle est en pāli et birman.

1815. Écriture birmane. 91 olles de 500 × 55 mm., 8 l., 30 à 40 akṣ.

32 (Birman 32.)

Dhammasat nisāyya.

En deux parties : I. Qualités des magistrats ; ouvrages juridiques dont ils doivent se servir. — II. Les héritages et décisions y ayant trait.

1832. Écriture birmane. 14 olles de 590 × 55 mm., 7 l., 25 à 35 akṣ.

33 (Birman 33.)

Dhammasat phyăt thŏn.

Décisions juridiques, par Mauṅ-Shuay-Kyā.

1835. Écriture birmane. 66 olles de 480 × 45 mm., 7 l., 25 à 35 akṣ.

34 (Birman 34.)

Dhammasat kyaṃ ou Code de lois birmanes.

Sixième partie : Lois sur le vol, les recéleurs, les accidents et les incendies.

1788. Écriture birmane. 18 olles de 518 × 68 mm., 10 l., 20 à 40 akṣ.

35 (Birman 35.)

Dhammasat kyaṃ.

Lois sur le vol et les recéleurs.

1788. Écriture birmane. 20 olles de 490 × 60 mm., 9 l., 20 à 40 akṣ.

36-38 (Birman 36-38.)

Dhammasat kyaṃ.

En trois volumes. — 36, 37. Septième partie : Mariage, Divorce, Adultère, Héritages. — 38. Huitième partie : Esclaves, Insultes, Prêts et Emprunts.

1788. Écriture birmane. 54 olles de 490 à 510 × 50 à 65 mm., 9 à 10 l., 20 à 40 akṣ.

39 (Birman 39.)

Dhammasat kyaṃ.

Le titre porte : *Cūla sambhitā viññ dhammasat kyaṃ cā.*

Note (de la main de Burnouf ?) sur la première olle :
« *Dhammasat,* le Livre des lois ou devoirs. Texte pâli et commentaire barman. »

1834. Écriture birmane. 82 olles de 490 × 5o mm., 7 l., 3o à 4o akṣ.

40 (Birman 40.)

Dhammasat kyaṃ.

Historique, Serment, Ordalies.

1833. Écriture birmane. 14 olles de 490 × 55 mm., 6 l., 20 à 35 akṣ.

41 (Birman 41.)

[Dhammasat kyaṃ].

Ms. semblable au précédent.

1833. Écriture birmane. 11 olles de 490 × 55 mm., 7 l., 20 à 35 akṣ.

42 (Birman 42.)

Traité de législation birmane, suivi d'un résumé des matières.

1786. Écriture birmane. 61 olles de 5oo × 55 mm., 8 l., 20 à 4o akṣ.

43 (Birman 43.)

I. Règles relatives aux funérailles et aux divers genres de mort.

II. Fondation de Bénarès, de Kapilavastu. — Origine du nom et de la famille des Çakyas. — Princes qui ont régné à Kapilavastu avant Çuddhodana, père du Buddha.

1832. Écriture birmane. 16 olles de 495 × 5o mm., 7 l., 25 à 35 akṣ.

44 (Birman 44.)

I. Relation d'un procès criminel (brigandages et meurtres commis en Arrakan en 1830). — En birman.

II. Proclamation du gouverneur anglais de Ramree. — Birman-anglais.

III. Pétitions des habitants de Ramree au gouverneur de la province. — En birman ; quelques pièces sont traduites en anglais.

IV. Mœurs et coutumes des Arrakanais, par un certain Aṅkula. — Birman-anglais.

V. *Paramatta bhindu* (Fragment du). — Pāli-birman.

XIXᵉ siècle. Écritures birmane et européenne. Papier européen, 139 feuillets de 190 × 265 mm., 10 à 15 l., 10 à 20 akṣ.

45 (Birman 45.)

Dvāra-rāsī-kyaṃ.

Traité de médecine. — A la fin liste de médicaments, avec leurs propriétés et leur mode d'emploi.

1784. Écriture birmane. 70 olles de 520 × 65 mm., 8 l., 20 à 35 akṣ.

46 (Birman 46.)

Tsaya-u-khve-ça.

Traité de médecine.

XVIIIᵉ siècle. Écriture birmane. 17 olles de 525 × 75 mm., 9 à 10 l., 20 à 35 akṣ.

47 (Birman 47.)

« W. Barnard's manuscript grammar and syntax of the Birman language. »

Grammaire birmane. Traité des affixes, avec des exemples en birman tirés des *Jātakaṣ*. — Incomplet.

XIXᵉ siècle. Papier européen. 29 feuillets de 195|× 310 mm., 18 à 22 l., 6 à 25 akṣ.

48 (Birman 48.)

Grammatical notices of the Birman language.

XIXe siècle. Écritures birmane et européenne. Papier européen, 29 feuillets de 210 × 320 mm., 25 à 3o l., 20 à 25 akṣ.

49 (Birman 49.)

Études sur la langue birmane.

I. Vocabulaire birman-anglais (18 mots). — II. Grammaire élémentaire de la langue birmane. Incomplet. — III. Dialogues birmans et anglais. — IV. Liste des affixes birmans. — V. Oraison dominicale, en birman, avec une traduction anglaise et l'analyse grammaticale du texte birman.

XIXe siècle. Écritures birmane et européenne. Papier européen, 200 × 265 mm., 15 à 25 l., 10 à 25 akṣ.

50 (Birman 50.)

Fragment de vocabulaire anglais-birman.

XIXe siècle. Écritures européenne et birmane. Papier européen, 175 × 115 mm., 15 l., 5 à 10 akṣ.

51 (Birman 51.)

Notes sur le pāli et le birman.

I. Grammaire pālie, en anglais et en birman (fragment). — II. Liste de particules, affixes, adverbes, prépositions. — III. Dialogues birmans (sans traduction). — IV. Vocabulaire pāli-birman.

XIXe siècle. Écritures birmane et européenne. Papier européen. 36 feuillets de 190 × 260 mm., 24 l., 10 à 20 akṣ.

52 (Birman 52.)

Notes diverses relatives au birman et à la Birmanie.

I. Dialogues en birman, avec un commencement de traduction anglaise. — II. Liste des objets que les religieux bud-

dhistes peuvent avoir en leur possession. — En birman. —
III. — Signes servant à représenter les diverses pièces de
monnaie, les poids et les mesures. — IV. Explication des
figures qui ornent le pied du Buddha. — En birman et en
anglais. — V. Ères en usage en Birmanie. — En birman et
en anglais. — VI. Liste d'ouvrages birmans. — VII. Pétition
en birman, datée de 1837, adressée au Gouverneur de l'Arrakan. — VIII. Relation d'un procès jugé à Ramree en 1846 par
le gouverneur anglais. — En birman. — IX. Dialogues bir-
mans-anglais.

XIXe siècle. Écritures birmane et européenne. Papier européen, 58 feuillets de 220 × 320 mm., 15 à 30 akṣ.

53 (Birman 53.)

Notes diverses sur la Birmanie.

I. Degrés de parenté; anglais et birman. — II. Correspondance, datée de 1831, entre les gouvernements anglais et
birman, au sujet des droits qui frappent les marchandises
venant de l'Arrakan; birman et commencement de traduction anglaise. — III. Diverses pétitions (dont deux traduites
en anglais) adressées au gouverneur anglais de l'Arrakan. —
IV. Règlements de police et dispositions pénales; en birman. — V. Pétitions diverses; voir le n° III. — VI. Pro-
clamations et circulaires du gouverneur de Danyavati; en
birman. — VII. Circulaire, datée de 1831, adressée par le
Tsu-ghi aux habitants de Danyavati; en birman. — VIII.
Accusation portée par les habitants de l'Arrakan contre les
collecteurs d'impôts anglais; en birman, avec traduction
anglaise partielle. — IX. *Kaṣyaṇi tsim daū ghiḥ.* Résumé de
l'histoire religieuse de la Birmanie, avec traduction anglaise
partielle. — X. Fragment d'un vocabulaire anglais-birman.

XIXe siècle. Écriture birmane. Papier européen, 193 feuillets de 195 ×
275 mm., 15 à 20 l., 10 à 20 akṣ.

54 (Birman 54.)

Nemi maṅ vattu.

Jātaka de Nemi. — Pāli-birman.

1801. Écriture birmane. 100 olles de 520 × 55 mm., 8 l., 20 à 35 akṣ.

55 (Birman 55.)

Ka krveh puṃ.

Note de la main de Burnouf : « Titre barman, qui signifie Livre du choix des jours; ce ms. se compose de 24 petites tables, formées de chiffres et de lettres barmanes. Les explications marginales sont en langue et en caractères barmans. »

XIXe siècle. Écriture birmane. 22 olles de 250 65 mm., 4 à 7 l., 10 à 20 akṣ. (Burnouf, 200.)

56 (Birman 56.)

Texte astrologique, composé de diagrammes chiffrés et de formules religieuses, en pāli.

XIXe siècle. Écriture birmane. 31 olles de 258 × 68 mm., 8 l., 20 à 25 akṣ. (Burnouf, 210).

57 (Birman 57.)

Texte astrologique.

XIXe siècle. Écriture birmane. 32 olles de 210 × 55 mm., 7 l., 15 à 25 akṣ. (Burnouf, 202.)

58 (Birman 58.)

Jātaka?

Fragment pāli-birman, très mutilé.

XIXe siècle. Écriture birmane. 7 olles de 505 × 55 mm., 8 l., 35 à 40 akṣ.

59 (Birman 59.)

Fragment de *Jātaka* (?).

Ms. sans titre d'une écriture très cursive. — Pāli-birman.

XVIIIe siècle. Écriture birmane. 44 olles de 535 × 45 mm., 5 l., 35 à 40 akṣ.

60 (Birman 60.)

Pakiṇṇakakhaṇḍa.

Pāli-birman.

XIXe siècle. Écriture birmane. 24 olles de 485 × 5o mm., 7 l., 20 à 45 akṣ.

61 (Birman 61.)

Nārada jāt.

Nārada jātaka. — Pāli-birman.

XIXe siècle. Écriture birmane. 39 olles de 490 × 55 mm., 8 l., 20 à 55 akṣ.

62 (Birman 62.)

Pañcama puiṅ.

XVIIIe siècle. Écriture birmane. 16 olles de 52o × 65 mm., 1o l., 20 à 45 akṣ.

63 (Birman 63.)

« Principles of Morality, etc. Extracted from curious *Kyangs* or Sacred writings. W. Barnard. 1831. »

Titre écrit à l'encre sur la première olle.

XIXe siècle. Écriture birmane. 12 olles de 485 × 55 mm., 7 l., 20 à 45 akṣ.

64 (Birman 64.)

Kyaṅ.

XVIIIe siècle. Écriture birmane. 62 olles de 48o × 55 mm., 7 l., 20 à 4o akṣ.

65 (Birman 65.)

Texte religieux, sans titre.

Ms. sur papier feutré, en forme de paravent, écrit à la stéatite.

XVIIIe siècle. Écriture birmane. 18 feuilles de 41o × 155 mm., 5 à 14 l., 1o à 4o akṣ.

66 (Birman 66.)

Rubans tissés de formules bouddhiques, destinés à servir de lien aux manuscrits et principalement à ceux du *Kammavāca*.

67 (Birman 67.)

Plan de la levée en terre longeant Mandalay.

Ms., en forme de paravent à 10 plis, écrit à la stéatite sur *parabeike* ou papier-carton noir.

XIXe siècle. Écriture birmane. Parabeike, 2^m,700 × 385 mm.

68 (Birman 68.)

Comptes?

Note qui accompagne le ms. : « Manuscrit de parabeïke. Texte tracé au crayon de stéatite par l'un des secrétaires de la Cour suprême, sous la dictée du Kon Won Mengine ou premier ministre. Offert... par M. Louis Vossion... »

XIXe siècle. Écriture birmane. Parabeike, 435 × 160 mm., 7 l., 5 à 20 akṣ.

69 (Birman 69.)

Ouvrage religieux sans titre.

XIXe siècle. Écriture birmane. 153 olles de 505 × 65 mm., 10 l., 10 à 50 akṣ.

70 (Birman 70.)

Histoire des Shans.

XIXe siècle. Écriture birmane. Papier chinois, 97 feuillets de 280 × 485 mm., 21 à 23 l., 25 à 30 akṣ.

71 (Birman 71.)

I. Lettre de Moṅ-gi Kwidiṅ, roi d'Arrakan, à Muraṅ Twanja, chef Magh.

II. Lettre du même aux officiers des troupes de la Compagnie à Kamu, avec sceau de cire rouge représentant le *haṃsa*.

XIXᵉ siècle. Écriture birmane. Parabeike, I. 385 × 3o5 mm. 17 l. — II. 255 × 2o5 mm., 12 l., 20 à 35 akṣ.

72 (Birman 72.)

Ouvrage religieux sans titre.

XIXᵉ siècle. Écriture birmane. 42 olles de 19o × 5o mm., 6 l., 15 à 20 akṣ.

73 (Birman 73.)

Fragment d'ouvrage religieux.

Ms. en mauvais état et incomplet commençant au fol. 61 par ces mots : *Namattu mrat tak nahla su.* — Finit au fol. 88.

XVIIIᵉ siècle. Écriture birmane. 27 olles de 26o × 6o mm., 5 à 6 l., 15 à 25 akṣ.

74-75 (Birman 74-75.)

Deux entre-nœuds ou cylindres creux en bambou, portant un texte gravé en caractères birmans.

74. — Hauteur : 330 mm.; diamètre : 70 mm.; 18 lignes d'écriture.

75. — Hauteur : 410 mm.; diamètre : 40 mm.; 12 lignes d'écriture.

76 (Birman 76.)

Saccā tō kyaṃ.

1849. Écriture birmane. 8 olles de 47o × 5o mm., 6 l., 20 à 4o akṣ.

77 (Birman 77.)

Chan pon.

XIXᵉ siècle. Écriture birmane. 47 olles de 5o5 × 6o mm., 1o l., 20 à 5o akṣ.

78 (Birman 78.)

Rājādhirājādhi are ton pũ mon chuiñ.

XIXe siècle. Écriture birmane. 126 olles de 500 × 65 mm., 9 l., 20 à 45 akṣ.

II

MANUSCRITS CAMBODGIENS

79 (Cambodgien 1.)

Práḥ samutthakhôsa.

Les trois premiers livres.

XIXᵉ siècle. Écriture *črīeṅ*. Papier, 340 × 215 mm., 82 pages, 12 à 16 l., 25 à 30 akṣ.

80 (Cambodgien 2.)

Lăksĕnnavoṅ.

XIXᵉ siècle. Écriture *črīeṅ*. Papier, 340 × 220 mm., 80 pages, 15 à 17 akṣ.

81 (Cambodgien 3.)

Doudart de Lagrée. Inscriptions cambodgiennes.

Estampages, ou plutôt frottis au crayon, repassés à l'encre, de diverses inscriptions provenant d'Angkor, fol. 1-22. — Archéologie cambodgienne. Mémoire sur les monuments khmèrs. Plan cambodgien d'Angkor Thom. Liste d'objets d'art recueillis au Cambodge…, fol. 23-26. — Angkor et ses environs. Mémoire (fol. 4-5), 27-62. — *Robal khsat khsè*, liste chronologique des rois du Cambodge de 1346 à 1860, texte khmèr en transcription, fol. 63-124. — Textes khmèrs, avec transcription. Quelques mots en čam du Cambodge et en malais écrits au crayon. Liste des mandarins de. tous grades au Cambodge, texte khmèr et transcription. Registre de douanes, *aṃbàl ksatr*. Commencement de la chronique royale du Cambodge. Texte khmèr, fol. 125-150.

XIXe siècle. Papier, 245 × 370 mm., 3oo pages, 10 à 3o l.

82 (Cambodgien 4.)

Pātimokkha.

Fragment. — Pāli-khmèr.

XIXe siècle. Écriture *mul.* 49 olles de 25o × 45 mm., 5 l., 20 à 25 akṣ.

83 (Cambodgien 5.)

Parāvaṇa-khandhaka.

˙Fragment. — Pāli-khmèr.

XIXe siècle. Écriture *mul.* 6o olles de 28o × 5o mm., 5 l., 3o à 35 akṣ.

84 (Cambodgien 6.)

I. *Nêh văn nén sak čăr praken lôk.*
II. *Vinei saṅ.*

XIXe siècle Écritures *mul* et *črîeṅ.* 71 olles de 275 × 5o mm., 5 l., 3o à 4o akṣ.

85 (Cambodgien 7.)

Visuddhimagga. — *Anguttaranikāya- Puggalapaññatti.*

Pāli-khmèr.

XIXe siècle. Écriture *mul.* 35 olles de 295 × 5o mm., 5 l., 25 à 3o akṣ.

86 (Cambodgien 8.)

I. *Čan Krapot.*
II. *Thor.*
III. *Práḥ Einàv.*
IV. *Lưởk metri* (?).
V. *Práḥ Vornét.*

VI. *Práḥ Săṅ-sĕl-čei.*

VII. *Práḥ Sĕthnu.*

XIXe siècle. Écriture *mul.* 320 olles de 545 × 45 mm., 5 l., 45 à 5o akṣ.

87 (Cambodgien 9.)

I. *Čau Krapot.*

II. *Vorvoṅ.*

III. *Práḥ Sóvãt.*

XIXe siècle. Écritures *mul* et *črťeṅ.* 93 olles de 5ı5 × 45 mm., 5 l., 35 à 55 akṣ. (Silvestre).

88 (Cambodgien 10.)

I. *Anisăṅ phidàn.*

II. *Anisăṅ tŏṅ.*

XIXe siècle. Écriture *mul.* 2ı olles de 53o × 5o mm., 5 l., 35 à 45 akṣ. (Silvestre).

89 (Cambodgien 11.)

Anisăṅ práḥ mahàčãt.

Pāli-khmèr.

XIXe siècle. Écriture *mul.* ı9 olles de 53o × 5o mm., 5 l., 35 à 45 akṣ. (Hennecart).

90 (Cambodgien 12.)

I. *Anisăṅ práḥ mahàčãt.*

II-III. *Práḥ Pithu.* — Deux exemplaires.

IV. *Čeithãt.*

XIXe siècle. Écriture *mul.* 48 olles de 56o × 5o mm., 5 l., 35 à 45 akṣ.

91 (Cambodgien 13.)

Práḥ mahòsăth.

En trois fascicules.

XIXe siècle. Écriture *mul.* 94 olles de 6ı0 × 49 mm., 5 l., 3o à 4o akṣ.

92 (Cambodgien 14.)

Mahā umaṅga.

Fragment. — Pāli-khmèr.

XIX⁰ siècle. Écriture *mul.* 37 olles de 560 × 40 mm., 5 l., 30 à 40 akṣ.
(Dʳ Hennecart.)

93 (Cambodgien 15.)

I. *Práḥ Čan-kŏmàr.*

Pāli-khmèr.

II. *Phčăñ măr.*

XIX⁰ siècle. Écritures *mul* et *črĭeñ.* 35 olles de 535 × 50 mm., 30 à 60
akṣ. (Silvestre.)

94 (Cambodgien 16.)

Práḥ bàt srĕi Véssantar (Mahāvessantarajātaka).

En 13 chapitres. En treize fascicules.

XIX⁰ siècle. Écriture *mul.* 358 olles de 530 × 50 mm., 5 l., 35 à 40 akṣ.
(Dʳ Hennecart.)

95 (Cambodgien 17.)

Mahàčāt (Mahāvessantarajātaka).

Exemplaire plus ancien que le précédent, en treize fascicules; le fasc. XI est en double.

XVIII⁰ siècle? Écriture *mul.* 311 olles de 535 × 50 mm., 5 l., 40 à
50 akṣ. (Dʳ Hennecart.)

96 (Cambodgien 18.)

Mahàčāt (Mahāvessantarajātaka.

Chapitres 1, 2, 5, 6.

XVIII⁰ siècle. Écriture *mul.* 84 olles de 540 à 580 × 48 à 52 mm., 5 l.,
35 à 45 akṣ. (Ancien fonds.)

97 (Cambodgien 19.)

Mahàčāt (Mahāvessantarajātaka).

Chapitres 6-13.

XVIIIe siècle. Écriture *mul.* 201 olles de 580 × 50 mm., 5 l., 35 à 45 akṣ. (Ancien fonds.)

98 (Cambodgien 20.)

Mahàčāt (Mahāvessantarajātaka).

Chapitre 11.

XVIIIe siècle. Écriture *mul.* 40 olles de 530 × 50 mm., 5 l., 25 à 45 akṣ. (Dr Hennecart.)

99 (Cambodgien 21.)

Vičchātor (Vijādharajātaka).

XIXe siècle. Écriture *mul.* 17 olles de 535 × 50 mm., 5 l., 50 à 60 akṣ. (Silvestre.)

100 (Cambodgien 22.)

Lokanātha Dhanañjaya.

Fragment.

XIXe siècle. Écriture *mul.* 19 ollès de 540 × 45 mm., 5 l., 30 à 40 akṣ. (Silvestre.)

101 (Cambodgien 23.)

I-II. *Suosdĕi.*

XIXe siècle. Écriture *mul.* 71 olles de 505 à 515 × 45 mm., 4 l., 30 à 40 akṣ. (Silvestre, n° 18.)

102 (Cambodgien 24.)

I. *Bak vat.*

II. *Vorvoñ.*

III. *Rām kĕr.*

IV. *Čeithat.*

V. *Samṇuor aṅkŭt* (?).

XVIIIᵉ siècle. Écriture *mul.* 168 olles de 530 à 570 × 50 mm., 5 l., 35 à 45 akṣ.)

103 (Cambodgien 25.)

I. *Práḥ rāč krĕt aṃbàl khsatra.*
II. *Práḥ Năkosen (Nāgasena).*
III. *Čbàp kram.*

Et plusieurs autres fragments.

XVIIIᵉ siècle. Écriture *mul.* 121 olles de 530 à 580×50 mm., 5 l., 35 à 45 akṣ. (Dʳ Hennecart.)

104 (Cambodgien 26.)

Mălŏkŭn (Mātuguṇa paccupakaraṃ).

XIXᵉ siècle. Écriture *mul.* 31 olles de 580 × 50 mm., 5 l., 35 à 45 akṣ. (Dʳ Hennecart.)

105 (Cambodgien 27.)

Práḥ apphithom (Abhidhamma).

Fragment.

XIXᵉ siècle. Écriture *mul.* 16 olles de 570 × 55 mm., 5 l., 45 à 55 akṣ.

106 (Cambodgien 28.)

Neḥ kbuon sradĕi amphi anisăn.

XIXᵉ siècle. Écriture *mul.* 15 olles de 590 × 44 mm., 5 l., 35 à 45 akṣ.

107 (Cambodgien 29.)

Práḥ apphithom (Abhidhamma).

Fragment.

XIXᵉ siècle. Écriture *mul.* 19 olles de 535 × 50 mm., 5 l., 35 à 45 akṣ.

108 (Cambodgien 30.)

Práḥ apphithom (Abhidhamma).

En trois fascicules.

XVIIIe siècle. Écriture *mul.* 129 olles de 540 × 50 mm., 25 à 35 akṣ. (Dr Hennecart.)

109 (Cambodgien 31.)

Práḥ apphithom (A bhidhamma).

Chapitres 1, 6 et 9.

XIXe siècle. Écriture *mul.* 54 olles de 555 à 580 × 55 mm., 25 à 35 akṣ.

110 (Cambodgien 32.)

Práḥ apphithom (Abhidhamma).

XIXe siècle. Écritures *mul* et *črieṅ.* 53 olles de 300 × 50 mm., 5 l., 20 à 30 akṣ.

111 (Cambodgien 33.)

Traiphum.

Fascicules 1-9.

XVIIIe siècle. Écriture *mul.* 243 olles de 560 × 45 mm., 4 l., 35 à 45 ak. (Don de l'Institut.)

112 (Cambodgien 34.)

Neḥ satrù traiphum khsai 6.

XIXe siècle Écriture *mul.* 24 olles de 570 × 50 mm., 5 l., 35 à 45 akṣ.

113 (Cambodgien 35.)

I. *Kbuon mơl lãk srĕi pròs.*
II. *Čbằp kròm.*

Et deux autres *čbap* (traités de morale).

XIXe siècle. Écriture *mul.* 87 olles de 535 × 40 mm., 40 à 50 akṣ. (Silvestre.)

114 (Cambodgien 36.

I. *Damrà sambuor mãs*.

II. *Damrà*.

III. *Mahàsróp*.

Et trois fragments (mantras).

XIXe siècle. Écriture *črìeñ*. 23 olles de 270 à 290 × 55 mm., 5 l., 20 à 30 akṣ.

115 (Cambodgien 37.)

I. *Neḥ práḥ von rãč*.

II. *Suttanta pucchā visuddhāna*.

XIXe siècle. Écriture *črìeñ*. 82 olles de 575 à 585 × 50 mm., 5 l., 40 à 50 akṣ. (Dr Hennecart.)

116 (Cambodgien 38.)

I. *Kbuon thnam krŭp*.

III. Recueil de formules magiques et de recettes médicales.

Traité juridique. (Fragment.)

XIXe siècle. Écriture *črìeñ*. 91 olles de 510 × 45 mm., 5 ., 30 à 40 akṣ. (Silvestre, 19-20.)

117 (Cambodgien 39.)

I. *Práḥ čbằp*.

II. *Tamrà baṅkak slotĕi čhmôl*.

III. *Kbuon baku*.

IV. *Kbuon kòmpul traiphét*.

V. Ordre à observer pour la récitation des prières (4 olles).

XIXe siècle. Écriture *mul*. 76 olles de 275 à 295 × 45 à 50 mm., 5 l., 35 à 40 akṣ. (Silvestre, 33.)

118 (Cambodgien 40.)

Kàmpī et *Kbuon* (formulaires magiques).

Mantras curatifs. — Imposition du nom à un nouveau-né.
— Charmes de bon augure pour le choix de l'emplacement
d'une maison. — Consécration des champs. — Datés : *ek sàk
momè* 1781 *čul sàk* 1221 (= 1859).

XIXe siècle. Écriture *črieñ*. 91 olles de 240 à 280 × 45 à 50 mm., 5 l.,
20 à 25 akṣ. (Silvestre, n° 27.)

119 (Cambodgien 41.)

Formulaires magiques.

1. *Kbuon cã comñư*. Pour pronostiquer le dénoûment d'une
maladie). — 2. *K[buon] sañ phtáḥ* (Choix du jour favorable à
l'inauguration des travaux de construction d'une maison). —
3. *Kbuon smà proṃ* (Pour tirer l'horoscope d'un enfant à
naître).

XIXe siècle. Écriture *črieñ*. 56 olles de 250 à 280 × 45 à 50 mm., 5 l.,
25 à 30 akṣ. (Silvestre, 44.)

120 (Cambodgien 42.)

Formulaires magiques.

XIXe siècle. Écriture *črieñ*. 66 olles de 175 à 190 × 59 mm., 5 l., 15 à
20 akṣ. (Dr Hennecart.)

121 (Cambodgien 43.)

I. *Kbuon čañkrom*.

II. Recettes médicales, mantras et diagrammes magiques.

III. Fragment de *čbăp*.

XIXe siècle. Écritures *mul* et *črieñ*. 62 olles de 170 à 180 × 45 à 50 mm.,
5 l., 15 à 20 akṣ. (Dr Hennecart.)

122 (Cambodgien 44.)

1. Syllabaire (2 olles).

II. *Čbăp* (2 et 3 olles).

III. *Práḥ apphithom* (12 olles).

Trois fragments.

XIXe siècle. Écritures *mul* et *črieñ*. 19 olles de 565 à 575 × 45 à 55 mm., 5 l., 4o à 6o akṣ.

123 (Cambodgien 45.)

I. *Damrà thnăm.*

II. *Damrà bankạk.*

III. *Damrà oi čañ dai.*

IV. *Čeñ práḥ vosàv.*

V. *Nêḥ oi bai kròñ pãli.*

XIXe siècle. Écriture *črieñ*. 64 olles de 245 × 45 mm., 5 l., 20 à 35 akṣ. (Silvestre, 32, 35, 38-4o.)

124 (Cambodgien 46.)

I. *Damrà nák sam mdeč péč.*

II. *Damrà mãhòv práḥ lĭñ.*

III. *Damrà nén tûon čã čap.*

IV. *Damrà oč ŏč.*

V. Mantra curatif.

XIXe siècle. Écriture *mul*. 7o olles de 18o × 5o mm., 15 à 20 akṣ. (Dr Hennecart.).

125 (Cambodgien 47.)

Recueils de mantras et formulaire médical.

Datés du 12e jour du mois de *pŭtrabŏt*, 5e année du Buffle.

XIXe siècle. Écriture *mul*. 39 olles de 18o × 5o mm., 5 l., 15 à 20 akṣ. (Dr Hennecart.)

126 (Cambodgien 48.)

Mantras curatifs et fragment de formulaire médical.

XIXe siècle. Écritures *mul* et *črieñ*. 44 olles de 155 à 270 × 35 à 45 mm., 6 l., 20 à 3o akṣ. (Dr Hennecart.)

127 (Cambodgien 49.)

I. *Práḥ banċul tesnà trai saronotam.*
II-III. *Damrà mul.*

XIXe siècle. Écritures *mul* et *ċrïeń*. 4o olles de 2ı0 à 2ı5 × 45 à 5o mm.,
5 l., 2o à 25 akṣ. (Dr Hennecart.)

128 (Cambodgien 50.)

Traité médical et formulaire.

XIXe siècle. Écriture *mul*. 68 olles de ı8o × 5o mm., 5 l., 2o à 25 akṣ.
(Dr Hennecart.)

129 (Cambodgien 51.)

I. *Kbuon bańkăp oi năk ċań bańkak thnàm.*
II. *Damrà k̀ŏmăr tan.*
III. *Damrà oi ċhmôḥ.*
IV et V. Formulaires médicaux.

XVIIIe siècle. Écritures *ċrïeń* et *mul*. 75 olles de 25o à 285 × 5o à 55 mm.,
2o à 3o akṣ. (Dr Hennecart.)

130 (Cambodgien 52.)

I-II. Formulaires médicaux.
III. Mantras curatifs.

XIXe siècle. Écriture *ċrïeń*. 6ı olles de ı75 à 2o5 × 5o à 55 mm., 5 à
6 l., 2o à 3o akṣ (Dr Hennecart.)

131 (Cambodgien 53.)

I. *Damrà thnằm.*
II-III. Fragments de traités de médecine et de formulaires.

XIXe siècle. Écriture *mul*. 42 olles de ı95 à 255 × 5o mm., 5 l., 2o à
3o akṣ. (Dr Hennecart.)

132 (Cambodgien 54.)

Čbăp lên bier.

XIXe siècle. Écriture *črien.* 26 olles de 370 × 55 mm., 5 l., 25 à 30 akṣ. (Dr Hennecart).

133 (Cambodgien 55.)

Damrà čhnàm.

Calendrier pour les années *sakrãc* 1059 à 1212 (= 1697 à 1851).

XIXe siècle. Écriture *mul.* 16 olles de 295 × 50 mm., 6 l., 25 à 35 akṣ. (Dr Hennecart.)

134 (Cambodgien 56.)

Syllabaire.

XIXe siècle. Écriture *mul.* 17 olles de 260 × 40 mm., 5 l., 15 à 30 akṣ. (Silvestre, n° 42.)

135 (Cambodgien 57.)

Fragment de syllabaire et feuilles détachées d'opuscules moraux et religieux.

XIXe siècle. Écritures *mul* et *črien.* 84 olles de 515 à 590 × 55 mm., 4 à 5 l., 30 à 50 akṣ. (Dr Hennecart.)

136 (Cambodgien 58.)

Čhbăp srëi.

XIXe siècle. Écriture *mul.* 8 olles de 560 × 55 mm., 5 l., 45 à 55 akṣ.

137 (Cambodgien 59.)

I. *Čhăp pros* (?).

Fragment.

II. *Prăḥ apphithom* (*Abhidhamma*).

Fragment.

XIXe siècle. Écriture *črien.* 50 olles de 530 à 590 × 45 à 55 mm., 5 l., 35 à 45 akṣ. (Silvestre, n° 6.)

138 (Cambodgien 60.)

Traité de magie et d'astrologie.

XIXe siècle. Ms. en forme de paravent. 38 plis de 355 × 120 mm., 8 l., 20 à 40 akṣ.

139 (Cambodgien 61.)

Formulaire et diagrammes magiques.

XIXe siècle. Écriture *mul*. Ms. en forme de paravent, 40 plis de 350 × 125 mm., 8 l., 20 à 40 akṣ.

140 (Cambodgien 62.)

Manuel domestique.

Diagrammes et figures magiques, indication des jours fastes et néfastes, tables astrologiques pour prédire la naissance d'un enfant, tirer des horoscopes, etc.

XIXe siècle. Écriture *mul*. Ms. en forme de paravent, 41 plis de 360 × 120 mm., 9 l., 20 à 40 akṣ.

141-143 (Cambodgien 63-65.)

Pràḥ rãč nipal troñ pràḥ yobal riɯñ praḥ samŭt.

En trois volumes.

XIXe siècle. Écriture *črieñ*. Mss. en forme de paravent, sur papier noir, écrits à la gomme-gutte, 27, 28 et 30 plis de 340 × 115 mm. 3 l., 30 à 35 akṣ.

144 (Cambodgien 66.)

Jātaka (Fragment de).

XIXe siècle. Écritures *mul* et *črieñ*. 7 olles de 250 × 50 mm., 5 l., 20 à 30 akṣ.

145 (Cambodgien 67.)

Noms du Buddha.

Fragment siamois.

XVIIIe siècle. Écriture *mul* siamoise. Ms. en forme de paravent, papier noir, encre blanche, 18 plis de 350 × 115 mm., 6 l., 25 à 35 akṣ.

146 (Cambodgien 68.)

Neḥ khsatru rām ker. (*Rāmāyaṇa* en khmèr.)

En dix fascicules, provenant d'exemplaires différents.

XIXe siècle. Écriture *mul*. 256 olles de 555 × 5o mm., 4 et 5 l., 3o à 4o akṣ.

147 (Cambodgien 69.)

Vimān čăn.

En cinq fascicules.

XIXe siècle. Écriture *mul*. 221 olles de 535 × 5o mm., 5 l., 35 à 45 akṣ.

148 (Cambodgien 70.)

Čeithăt.

En dix fascicules.

XVIIIe siècle? Écriture *črieñ*. 245 olles de 535 × 45 mm., 5 l., 6o à 75 akṣ.

149 (Cambodgien 71.)

Săn-sĕl-čei.

En sept fascicules.

XIXe siècle. Écriture *črieñ*. 171 olles de 585 × 55 mm., 5 l., 6o à 75 akṣ.

150 (Cambodgien 72.)

Nāvăn.

En trois fascicules.

XIXe siècle. Écriture *mul*. 92 olles de 545 × 5o mm., 5 l., 35 à 45 akṣ.

151 (Cambodgien 73.)

Vorvoñ.

En cinq fascicules.

XIXe siècle. Écriture *mul*. 2o8 olles de 56o × 5o mm., 5 l., 4o à 5o akṣ

152 (Cambodgien 74.)

Mahàčăt (Mahāvessantarajātaka).

En treize fascicules.

XIXᵉ siècle. Écriture *mul.* 325 olles de 540 × 50 mm., 5 l., 40 à 50 akṣ.

153 (Cambodgien 75.)

« Description des rites d'une cérémonie dans les montagnes. »

Note jointe au ms. — Fragment.

XIXᵉ siècle. Écriture *mul.* 21 olles de 580 × 45 mm., 5 l., 45 à 50 akṣ.

154 (Cambodgien 76.)

Práḥ teme (Temiya-jātaka).

En trois fascicules.

XVIIIᵉ siècle. Écriture *mul.* 116 olles de 545 × 45 mm., 5 l., 35 à 40 akṣ. (Lemire.)

155 (Cambodgien 77.)

Práḥ pŏrĭtăt (Bhūridatta).

En quatre fascicules.

XIXᵉ siècle. Écriture *mul.* 127 olles de 545 × 45 mm., 5 l., 35 à 45 akṣ.

156 (Cambodgien 78.)

Práḥ Nārot prohm (Nārada-jātaka).

Fascicules 1 et 2.

XIXᵉ siècle. Écriture *mul.* 62 olles de 580 × 45 mm., 5 l., 40 à 50 akṣ.

157 (Cambodgien 79.)

Praḥ pithŭ (Vidhūra-jātaka).

En cinq fascicules.

XIXᵉ siècle. Écriture *mul.* 140 olles de 600 × 45 mm., 5 l., 30 à 40 akṣ.

158 (Cambodgien 80.)

Fragment de *Jātaka* (?).

Pāli-siamois.

XIXe siècle. Écriture *mul.* 23 olles de 560 × 55 mm., 5 l., 32 à 36 akṣ.
(Dr R. Deblenne, Médecin de la marine.)

159 (Cambodgien 81.)

Práḥ mahābuddhaguṇa…

10e fascicule.

XIXe siècle. Écriture *mul.* 25 olles de 5oo × 45 mm., 4 l., 45 à 55 akṣ.

160 (Cambodgien 82.)

Anisan phnuos.

XIXe siècle. Écriture *mul.* 12 olles de 555 à 58o × 5o à 55 mm., 5 l., 3o
à 4o akṣ. (David de Mayrena.)

161 (Cambodgien 83.)

I. *Kandajā gurubbha.*
Fascicules 3-9.
II. *Práḥ apphithom.*
Fascicules 1-2.

XIXe siècle. Écriture *mul.* 197 olles de 528 × 45 mm., 5 l., 35 à 45 akṣ.

162 (Cambodgien 84.)

I. *Petavatthu* du *Khuddakanikāya.*

En treize fascicules.
II. *Práḥ kày nokor.*
Un fascicule.

XIXe siècle. Écriture *mul.* 34o olles de 56o × 5o mm., 5 l., 3o à 45 akṣ.

163 (Cambodgien 85.)

I. *Práḥ pithòr.*

Fascicules 1-4 et 8.

II. *Práḥ nãrot proṃ.*

Fascicules 1-4.

III. *Práḥ čăn kŏmàr.*

Fascicules 1-3 et 5.

IV. *Práḥ phurĭthăl.*

Fascicules 1-6.

XIXᵉ siècle. Écriture *mul.* 521 olles de 545 × 50 mm., 5 l., 35 à 45 akṣ.

164 (Cambodgien 86.)

Práḥ Pŭt kon (*Buddha-guṇa*).

En dix-huit fascicules.

XIXᵉ siècle. Écriture *mul.* 478 olles de 540 × 45 mm., 5 l., 45 à 50 akṣ.

165 (Cambodgien 87.)

I. *Mãrapãnth* (*Mãrabãndha*).

Fascicules 1-7.

II. *Práḥ sòvoṇ sĕrĭsà* (*Suvaṇṇa sirisà*).

Fascicules 1-4.

III. *Krŭṅ sapmĭt* (*Sarva-mitta*).

Fascicules 1-2.

IV. *Anisăṅ sdăp thor.*

Un fascicule.

V. *Măr lèi* (= *Mãlĕi*).

Un fascicule.

XIXᵉ siècle. Écriture *mul.* 372 olles de 555 × 45 mm., 5 l., 35 à 45 akṣ.

166 (Cambodgien 88.)

Práḥ Mahòsŏth.

En quinze fascicules.

XIXe siècle. Écriture *mul.* 436 olles de 54o×5o mm., 5 l., 5o à 55 akṣ.

167 (Cambodgien 89.)

Práḥ traiphum.

En quinze fascicules.

XIXe siècle. Écriture *mul.* 45ı olles de 55o×5o mm., 5 l., 35 à 45 akṣ.

168 (Cambodgien 90.)

I. *Yosănthorã nipăn.*

En quatre fascicules.

II. *Àri bŏkkal.*

En trois fascicules.

XIXe siècle. Écriture *mul.* ı45 olles de 53ŋ×45 mm., 5 l., 45 à 5o akṣ.

169 (Cambodgien 91.)

I. *Krŏn mĕlin.*

En cinq fascicules.

II. *Práḥ năkkosen čhlŏ˙i.*

En neuf fascicules.

XIXe siècle. Écriture *mul.* 297 olles de 55o × 5o mm., 5 l., 5o à 6o akṣ.

170 (Cambodgien 92.)

I. *Práḥ thommakôrŏp.*

II. *Práḥ mãtŏkŭn.*

III. *Pothivon.*

En deux fragments.

XIXe siècle. Écriture *mul.* ı93 olles de 54o× 5o mm., 5 l., 35 à 4o akṣ.

171 (Cambodgien 93.)

I. *Práḥ čant söt visöt* (*Canda sutti visūta*).

II-VII. Fragments du *Práḥ apphithom* (*Abhidamma*).

XIXᵉ siècle. Écriture *mul.* 178 olles de 545 à 555 × 5o mm., 5 l., 35 à
45 akṣ.

172 (Cambodgien 94.)

I. *Anisakh práḥ.*

II. *Anisakh sĕl.*

III. *Anisăṅ bën.*

IV. *Anisăṅ khseč.*

V. *Anisakh phdàn.*

VI. *Anisakh töṅ.*

VII. *Anisăṅ baṅtŏn.*

VIII. *Anisăṅ khmŏč.*

IX. *Práḥ mahàčŭṃpu.*

XIXᵉ siècle. Écriture *mul.* 287 olles de 55o × 45 mm., 5 l., 35 à 4o akṣ.

173 (Cambodgien 95)

I. *Práḥ četnàpotā.*

II. *Čbăp prös* (?).

XIXᵉ siècle. Écriture *mul.* 335 olles de 545 × 5o mm., 5 l., 4o à 5o akṣ.

174 (Cambodgien 96.)

Mohànitān (*Mahūnidāna*).

XIXᵉ siècle. Écriture *mul.* 134 olles de 5o5 à 61o × 45 à 5o mm., 5 l.,
4o à 45 akṣ.

175 (Cambodgien 97.)

Čbăp kraṃ.

XIXᵉ siècle. Écriture *mul.* 6 olles de 57o × 45 mm., 4 l., 35 à 4o akṣ.

176 (Cambodgien 98.)

Sekkh som mŭntĭt.

XIXe siècle. Écriture *mul.* 3ı olles de 4g5 × 45 mm., 4 l., 35 à 45 akṣ.

177 (Cambodgien 99.)

Daṃrà.

Astrologie et mantras curatifs. — Sur la première olle du ms. on lit : « Donné par un bonze de la pagode de Péam-Melû, province de Banam (Cambodge). Livre sacré Bouddhiste en langue kmer (ancien cambodgien). Influence des mois sur les naissances. 16 février 1890. »

XIXe siècle. Écriture *mul.* 28 olles de ı85 × 5o mm., 5 l., 25 à 3o akṣ.

178 (Cambodgien 100.)

Fragment de *Jātaka.*

XIXe siècle. Écriture *mul.* 54 olles de 5g0 × 5o mm., 4 l., 35 à 4o akṣ.

179 (Cambodgien 101.)

Ouvrage analogue.

XIXe siècle. Écriture *mul.* 3o olles de 373 × 53 mm., 5 l., 3o à 35 akṣ.

180 (Cambodgien 102.)

Fragment d'un traité buddhique.

Commencement : *Khñom sot lòk kar tǎk kal ser sar sòt saṃpǎrǎ...* — Fin : *Sóm oi bàn tal nĭpǎn...* .

XIXe siècle. Écriture *mul.* 23 olles de 545 × 4o mm., 4 l., 4o à 45 akṣ.

181 (Cambodgien 103.)

Syllabaire cambodgien (caractères khmèrs et transcription), par Mgr Miche, évêque de Dansara.

Cahier de ı4 feuillets, dont les six premiers sont blancs, 345 × 2o mm., 25 l. à la page.

182 (Cambodgien 104.)

Instruction donnée par le Buddha à Çravasti à propos de Yaçodharā.

Pāli-khmèr.

XIXᵉ siècle. Écriture *mul.* 27 olles de 530 × 5o mm., 5 l., 35 à 45 akṣ.

183 (Cambodgien 105.)

Práḥ Pŭtthakhôsa (Buddhaghosa).

XIXᵉ siècle. Écriture *mul.* 48 olles de 525 × 45 mm., 5 l., 5o à 6o akṣ.

184 (Cambodgien 106.)

Éloge (ou Commentaire) du Thero Jambuvapati.

XIXᵉ siècle. Écriture *mul.* 86 olles de 56o × 5o mm., 5 l., 45 à 6o akṣ.

185 (Cambodgien 107.)

Tos vuṅ (Duçavaṃça).

En quatre fascicules. — Pāli-khmèr.

XIXᵉ siècle. Écriture *mul.* 1o1 olles de 55o × 5o mm., 5 l., 4o à 5o akṣ. (Don de Madame Egger.)

186-206 (Cambodgien 108-128.)

Recueil des lois cambodgiennes.

En vingt-et-un volumes :

I (108). *Kraṃ čhôr kam* (Loi contre les malfaiteurs). — 149 pages.

II (109). *Kraṃ tosa phĭriya* (Lois sur les épouses). — 82 pages.

III (110). *Kraṃ bamnŏl* (Lois sur les dettes). — 34 pages.

IV (111). *Kraṃ sàksĕi pisòt* (Loi sur le témoignage). — 46 pages.

V (112). *Kraṃ tralà kàr* (Lois sur les tribunaux et les règlements qui les concernent). — 75 pages.

VI (113). *Kram práḥ rãč krĕt saṃkhari* (Loi concernant les mœurs publiques et les moines). — 37 pages.

VII (114). *Kram práḥ thom sáḱr* (Conseils aux juges. Règles de procédure). — 28 pages.

VIII (115). *Kram totŭol bandiñ kát bandiñ* (Procédure à suivre pour la réception des plaintes). — 67 pages.

IX (116). *Kram práḥ thommă ṇuñ* (Règles pour la composition des tribunaux). — 48 pages.

X (117). *Kram kăt saṃnŭon kăt saksĕi* (Loi de procédure concernant les témoins et les témoignages). — 16 pages.

XI (118). *Kram aññ moñ pañi păs* (Loi sur la procédure). — 24 pages.

XII (119). *Kram ŭtthor* (Loi sur les appels). — 25 pages.

XIII (120). *Kram kbat sĕt* (Loi sur les trahisons en temps de guerre). — 48 pages.

XIV (121). *Kram ačñă luoñ* (Loi concernant les envoyés royaux et les fonctionnaires). — 110 pages.

XV (122). *Kram virăt* (Loi concernant les coups, les blessures et les injures). — 31 pages.

XVI (123). *Lakkhaṇaḥ tăs kamma karṇa* (Loi sur l'esclavage). — 45 pages.

XVII (124). *Kram pohŏl top* (Loi contre les maraudeurs). — 120 pages.

XVIII (125). *Kram bier* (Loi sur les jeux). — 48 pages.

XIX (126). *Kram mŭnti robál* (Loi contre les crimes de lèse-majesté, fautes commises au palais, erreurs d'étiquette commises en présence du roi). — 118 pages.

XX (127). *Kram tomrŭñ sak* (Loi qui réglemente la hiérarchie des mandarins; formules de politesse auxquelles ils ont droit). — 11 pages.

XXI (128). *Kram morodak* (Loi qui régit les héritages). — 43 pages.

Cahiers de 175 × 255 mm., cartonnés toile, autographiés à Oudong (Cambodge) et portant tous la date du 9 mai 1891.

207 (Cambodgien 129.)

Práḥ apphithom.

Sections 2 et 3 d'un traité de l'*Abhidhamma*.

XIXᵉ siècle. 33 olles de 520 × 45 mm., 5 l., 3o à 4o akṣ.

208 (Cambodgien 130.)

Sĕsau (?).

XIXᵉ siècle. Écriture *mul*. 33 olles de 565·× 5o mm., 5 l., 45 à 55 akṣ.

209 (Cambodgien 131.)

Lot d'olles en très mauvais état, provenant de divers manuscrits, en khmèr, siamois et pāli.

XIXᵉ siècle. Écritures *mul*, *črĭeñ* et siamoise cursive. 53 olles de 55o à 6ro × 4o à 5o mm., 3 à 5 l.

MANUSCRITS CHAMS

---

210 (Cham 1.)

Prières des grandes fêtes.

Cf. A. Cabaton, *Nouvelles recherches sur les Chams*, p. 119 sqq.

XIXe siècle. Écriture chame de l'Annam. 67 olles de 310 × 40 mm., 3 l.

211 (Cham 2.)

Fragment d'un traité de morale.

XIXe siècle. Écriture chame du Cambodge. 20 olles de 270 × 40 mm., 5 l.

IV

MANUSCRITS LAOTIENS

---

212 (Laotien 1.)

Mu·on lan čhan lom khao.

Histoire du pays des milliers d'éléphants et du Parasol
blanc = Luang Prabang et Vien Chan. — En 4 fascicules.

XIXᵉ siècle. Écriture laotienne. 99 olles de 590 × 48 mm., 4 l., 25 à
35 akṣ. (A. Pavie.)

213 (Laotien 2.)

Chronique du pays de Xieng-hai (Laos, rive droite du
Mékhong).

XIXᵉ siècle Écriture laotienne. 10 olles de 400 × 60 mm·, 6 l., 20 à
30 akṣ. (A. Pavie.)

214 (Laotien 3.)

Coutume de Xieng-mai.

XIXᵉ siècle. Écriture laotienne. 19 olles de 560 × 45 mm., 5 l., 40 à
50 akṣ. (A. Pavie.)

215 (Laotien 4.)

« Code de Luang Prabang ».

Note de M. Pavie.

XIXᵉ siècle. Écriture laotienne. 19 olles de 570 × 50 mm., 5 l., 40 à
50 akṣ. (A. Pavie.)

216 (Laotien 5.)

Niḥ reṅ pŏṅsavadā meṅ kor.

Chronique du pays des Hố (Yunnan).

XIXe siècle. Écriture laotienne. 5 olles de 46o × 5o mm., 5 l., 3o à 35 akṣ. (A. Pavie.)

217 (Laotien 6.)

Niḥ rieṅ nãṅ čūmatevī.

Sur un papier collé sur la première olle : « Roman de Néang Samatevi (le livre populaire des pays laotiens occidentaux. Traduit. ». — Sur cette première olle on lit ces mots en caractères latins gravés au stylet : « Rieng nan chûmatévi. N° 1. »

XIXe siècle. Écriture *mul* laotienne. 5o olles de 48o × 65 mm., 5 l., 4o à 5o akṣ. (A Pavie.)

218 (Laotien 7.)

« Instructions pour la lecture des livres — pour les prêtres. » — Note sur la première olle.

XIXe siècle. Écriture *mul* laotienne. 9 olles de 41o × 5o mm., 4 l., 25 à 3o akṣ. (A. Pavie.)

219 (Laotien 8.)

Pepu nouka.

« Indications pour connaître les terrains. » Note (de M. Pavie ?) sur la dernière olle.

XIXe siècle. Écriture *mul* laotienne. 13 olles de 57o × 6o mm., 5 l., 35 à 45 akṣ. (A. Pavie.)

220 (Laotien 9.)

Luan sãṅ chattan (= Chaddantajātaka).

Histoire de l'éléphant Chattan, qui fut depuis le Buddha (= 514^e *Jātaka*).

XIXe siècle. Écriture *mul* laotienne. 22 olles de 55o × 55 mm., 5 l., 45 à 55 akṣ. (A. Pavie.)

221 (Laotien 10.)

« Règles pour les usages à observer dans les relations écrites (lettres) de petit à grand (Laos occidental). »

XIXe siècle. Écriture *mul* laotienne. 9 olles de 590 × 55 mm., 5 l., 45 à 55 akṣ. (A. Pavie.)

222 (Laotien 11.)

Poṅsa:vadăr sdač.

« Chronique de sept rois du Laos occidental. » — Ms. en mauvais état.

XIX[e] siècle. Écriture *mul* laotienne. 49 olles de 550 × 55 mm., 5 l., 40 à 5o akṣ. (A. Pavie.)

223 (Laotien 12.)

[*Pŏṅsávádan čaidi hà oṅ.*]

« Chronique des cinq *Chaitya*. »

XIX[c] siècle. Écriture *mul* laotienne. 74 olles de 515 × 55 mm., 4 l., 40 à 5o akṣ. (A. Pavie.)

224 (Laotien 13.)

Niḥ reṅ suphasit (= subhāṣita).

Règles de morale pour les enfants.

XIX[e] siècle. Écriture *mul* laotienne. 10 olles de 600 × 5o mm., 5 l., 40 à 5o akṣ. (A. Pavie.)

225 (Laotien 14.)

Tamada.

Instructions sur la conduite morale (Laos occidental).

XIXe siècle. Écriture *mul* laotienne. 19 olles de 600 × 5o mm., 4 l., 35 à 5o akṣ. (A. Pavie.)

226 (Laotien 15.)

Pha:vinăi.

« Règles des prêtres du pays de Lampoun (Laos occidental). »

XIXe siècle. Écriture *mul* laotienne. 17 olles de 600 × 60 mm., 5 l., 40 à 50 akṣ. (A. Pavie.)

227 (Laotien 16.)

Pŏṅsávádan Kammuon Kam Köt.

Chronique du Kammuon et de Kan Keut. — Ms. relié entre deux ais de bois sculptés d'ornements et de fleurons.

XVIIIe siècle (?). Écriture *mul* laotienne. 110 olles de 565 × 65 mm., 4 l., 30 à 45 akṣ. (A. Pavie.)

228 (Laotien 17.)

Texte religieux en laotien.

XIXe siècle. Écriture laotienne. 25 olles de 555 × 50 mm., 4 l., 35 à 45 akṣ.

229 (Laotien 18.)

Traité sur la variole.

XIXe siècle. Écriture laotienne. 14 olles de 300 × 55 mm., 4 l., 25 à 30 akṣ.

230-237 (Laotien 19-26.)

Textes religieux en laotien.

En huit volumes.

XIXe siècle. Écriture laotienne. 41, 22, 24, 12, 16, 17, 23 et 8 olles de 560 à 585 × 40 à 50 mm., 4 l., 30 à 55 akṣ.

238-240 (Laotien 27-29.)

Légendes populaires, textes religieux et moraux, fragments divers en laotien.

En trois volumes.

XIXe siècle. Écriture laotienne. 245, 285 et 335 olles de 500 à 570 × 30 à 50 mm., 3 à 5 l., 30 à 60 akṣ.

V

MANUSCRITS LOLOS

---

241 (Lolo 1.)

Calque d'un ms. lolo, précédé d'une liste de 19 mots traduits en anglais par Terrien de la Couperie.

Papier, 35o X 24o mm., 9 feuillets. D.-rel. parchemin.

242-247 (Lolo 2-7.)

Six manuscrits lolos originaux provenant de la Mission Pavie.

Papier chinois, 2. 47o X 18o mm., 21 folios; 3. 25o X 2oo mm., 49 folios doubles; 4. 21o X 18o mm., 11 folios; 5. 36o X 27o mm., 35 folios doubles; 6. 28o X 15o mm., 21 folios; 25o X 195 mm., 14 folios; 7. 35o X 28o mm., 27 feuillets doubles. D.-rel. parchemin.

248 (Lolo 8.)

Livre de prières des Man-tse noirs de Leang-shan (Setchouen).

Papier chinois, 25o X 4oo mm., 61 feuillets. D.-rel. parchemin.

249 (Lolo 9.)

Manuscrit provenant des Man-tse blancs, Haut Yunnan, région de Tchong-tchouan.

Papier chinois, 23o X 15o mm., 24 feuillets. D.-rel. parchemin.

VI

MANUSCRITS SIAMOIS

250 (Siamois 1.)

Khăm són.

Grand catéchisme catholique composé par les Missionnaires. — Incomplet. — Ms. en forme de paravent, écrit sur
carton noir, alternativement en blanc et en jaune.

XVIIIe siècle. Écriture cursive siamoise. 17 plis de 355 × 115 mm., 5 l.,
20 à 30 akṣ.

251 (Siamois 2.)

Khăm són.

Grand catéchisme catholique. — Texte plus développé que
celui du ms. précédent. — Deux tomes en un vol. en forme
de paravent, écriture jaune sur fond noir.

XIXe siècle. Écriture cursive siamoise. Parabéike, 31 plis de 345 × 110
mm., 4 l., 25 à 30 akṣ.

252 (Siamois 3.)

Epistola lë Evangelio.

Oraisons, épîtres et évangiles des dimanches et fêtes de
l'année, traduit en siamois par les missionnaires catholiques.

XIXe siècle. Caractères latins. Papier. 162 feuillets de 175 × 215 mm.,
21 l.

253 (Siamois 4.)

Achan Thomas a Kempis. Dudi cha: tăi tam Phŭthi kĭrĭja hĕng Phra: măhá Jesu Christo chao.

Imitation de Jésus-Christ, en siamois, du commencement du xviiie siècle.

1825. Caractères latins. Papier, 3o3 feuillets de 5o × 195 mm., 23 l.

254 (Siamois 5.)

I. « L'inscription que portent les devants d'autel des églises catholiques chinoises, traduite en mandarin, en *tsin*, en *ké* et en latin ». — 9 fol. (transcription).

II. Recueil des idiotismes siamois les plus usités, disposés par ordre alphabétique. A-L. — 8 fol.

XIXe siècle. Caractères latins. Papier, 17 feuillets de 2r5 × 235 mm., 44 l.

255 (Siamois 6.)

Kwang phaya sám ong.

« Légende des trois mages. Poème religieux avec la traduction française en regard, par F. X. Tessier. — 2 cahiers, A₁ A₂. 29 décembre 1857. »

XIXe.siècle. Caractères latins. Papier, 12 feuillets de 18o × 23o mm., 21 l.

256 (Siamois 7.)

Phleng sísăvăt.

« Chants religieux. — Traduction française en regard du texte, par F. X. Tessier. — Quatre cahiers, B₁ B₂ B₃ B₄. — 29 décembre 1857. »

XIXe siècle. Caractères latins. Papier, 28 feuillets de 18o × 23o mm., 16 l.

257 (Siamois 8.)

Súrasiëng.

« Entretien mystique de l'âme avec J.-C. — Bangkok, 1822.
— Paris, 29 décembre 1857. »

XIXe siècle. Caractères latins. Papier, 7 feuillets de 150 × 215 mm.,
23 l.

258 (Siamois 9.)

*Sancto papa Pio thi kao. Uai p. phon kë bănda săbbŭrŭt
christang sŭng cha : hĕn năngsŭ khóng răo ni.*

« La bulle du jubilé à l'avènement de Pie IX, publiée en
siamois à Bangkok. »

1846. Caractères latins. 1 feuille imprimée de 170 × 305 mm., 53 l.

259 (Siamois 10.) (1)

Mélanges siamois.

I. Sur la Confession. Texte siamois et traduction française,
fragments, p. 1-13. — II. Ébauche de vocabulaire polyglotte.
— 1 feuillet, p. 14. — III. Textes siamois (superstitions et
cérémonies des buddhistes siamois), p. 15-18. — IV. Mots et
phrases traduits, p. 19-20).

XIXe siècle. Caractères latins. Papier européen réglé, 20 feuillets, 180
× 215 mm., 24 l.

260 (Siamois 12.)

« Les Souhaittes, bénédictions et indulgences que les
Talapoins récitent avec ceux qui leur font du bien et leur
apportent des présens — en caractères baly. — Séminaire
des Missions Étrangères. »

Pāli-siamois. — Incomplet et sans titre.

XVIIe siècle. Écriture *mul* et siamoise cursive. 12 olles de 535 × 50 mm.,
5 l., 50 à 60 akṣ.

______

(1) Le ms. Siamois 11 est devenu Cambodgien 34.

261 (Siamois 13.)

« Dispute d'vn [chreti]en contre vn talapoin sur la faus-
seté de la religion siamoise, par Monsg^r de Metellopolis. »

En siamois.

XVIIe siècle. Ecriture siamoise cursive. 12 olles de 535 × 45 mm., 4 l.,
35 à 45 akṣ.

262 (Siamois 14.)

« Sainct Augustin, de la connoissance de Dieu. Traduit en siamois par les missionnaires français à Yuthia. »

XVIIe siècle. Écriture siamoise cursive. 23 olles de 545 × 45 mm., 4 l.,
40 à 45 akṣ.

263 (Siamois 15.)

La première prédication de Somănă Khoudòm (Samaṇa
Gotama).

Texte siamois cursif.

XVIIIe siècle. Écriture siamoise. Papier, 50 feuillets de 155 × 215 mm.,
11 et 13 l., 10 à 20 akṣ.

264 (Siamois 16.) (1)

« Histoire extraite de la Bible bouddhiste et paraphrasée
par les bonzes. — Le texte est en pāli, la glose en siamois ;
l'ouvrage me paraît incomplet. » Note du P. Tessier.

Pāli-siamois.

XVIIe siècle. Écriture *mul* et siamoise cursive. Parabéike, 28 plis de
350 × 110 mm., 6 l., 25 à 35 akṣ.

265 (Siamois 24.)

Phra: ayakan laksănăthăt.

Lois qui régissent l'esclavage chez les Siamois. — Ms. en
forme de paravent, caractères tracés à l'encre jaune.

XVIIIe siècle. Écriture siamoise cursive. Parabéike, 28 plis de 345 ×
118 mm., 4 l., 20 à 30 akṣ.

(1) Les mss. Siamois 17, 18-19, 20, 21, 22 et 23 sont devenus, respectivement,
Pāli 462, 329, 563, 10, 239-244 et 378.

266 (Siamois 25.)

Phra:aya:kan laksănă kù ni.

Lois qui règlent les' dettes, le prêt et l'intérêt dans le royaume de Siam. — Ms., en forme de paravent, écrit à la stéatite. — Une fleur d'ornement au premier pli.

XVIIIᵉ siècle. Écriture siamoise cursive. 28 plis de 350 × 110 mm., 4 l., 25 à 30 akṣ.

267 (Siamois 26.)

Phra:aya:kan laksănă munlăvivăt.

Code civil. — Ms., en forme de paravent, écrit à la stéatite.

XIXᵉ siècle. Ecriture siamoise cursive. Parabéike, 28 plis de 345 × 115 mm., 4 l., 30 à 35 akṣ.

268 (Siamois 27.)

Nangsú' sănju.

« Nouveau traité de l'Angleterre avec le royaume de Siam (1856), traduit en français par F.-X. Tessier. »

XIXᵉ siècle. Caractères latins. 25 feuillets de 155 × 250 mm., 20 l.

269 (Siamois 28.)

Kămnŏt.

Règlements pour l'administration des « Chrétientés » (districts) du royaume de Siam, par Mgr Pallegoix. — Traduits en français par F.-X. Tessier. Trois cahiers, D₁ D₂ D₃. 29 décembre 1857. »

XIXᵉ siècle. Caractères latins. 40 feuillets de 155 × 205 mm., 18 l.

270 (Siamois 29.)

Kamnŏt hăm.

« Décrets prohibitifs. Mandement contre les superstitions siamoises, par Mgr Pallegoix, Bangkok, 1849. Avec traduction française par F.-X. Tessier. — 2 cahiers, E, E₂. 29 décembre 1857. »

XIXe siècle. Caractères latins. Papier, 22 feuillets de 155 × 200 mm., 15 l.

271 (Siamois 30.)

« Formules d'excommunication, d'interdit, du serment des catéchistes à leur réception, du serment des chrétiens devant les tribunaux païens... etc. etc., à l'usage de la mission de Siam par Mgr Pallegoix, Bangkok, 1844. »

Siamois-français.

XIXe siècle. Caractères latins, 17 feuillets de 150 × 200 mm., 19 l.

272 (Siamois 31.)

Sănja.

Serment que les chefs chrétiens d'un district ont prêté, en 1855, à un missionnaire à Siam lors de son installation. — Pièce autographe et signée.

XIXe siècle. Caractères latins. 2 feuillets de 220 × 325 mm., 15 à 24 l.

273 (Siamois 32.)

« La police des Siamois pour le bon gouvernement du royaume et pour la guerre. »

Demandes et réponses relatives à la religion de Siam (buddhique), écrit à la demande des missionnaires. — Ms. en éventail, encre jaune.

XVIIIe siècle. Écriture siamoise cursive. Parabéike, 39 plis de 375 × 125 mm., 5 l., 25 à 35 akṣ.

274 (Siamois 33.)

Phŏngsávădan mu'ang nú'a.

« Première partie des annales de Siam depuis l'origine des

Siamois jusqu'à la fondation de Juthia. Offert à la bibliothèque impér. par Mgr. J. Bapt. Pallegoix, Évêque de Mallas, vicaire apostolique de Siam. Paris, 16 mai 1853. » Note de Mgr. Pallegoix?

XIXe siècle. Écriture siamoise cursive. 4o feuillets de 175 × 225 mm., 14 l., 20 à 25 akṣ.

275 (Siamois 34.)

Phra: raĉathirŭt phong sávădan mu'ang mŏn.

Annales du Pégu, de la Birmanie et du Siam depuis 630 jusque vers 1640, traduites du mōn en siamois vers 1785; divisées en 20 livres, avec un sommaire en tête de chaque livre. Manquent les quatre derniers livres, d'ailleurs extrêmement rares.

XIXe siècle. Écriture siamoise cursive. 167 feuillets de 235 × 370 mm., 26 l., 3o à 35 akṣ.

276 (Siamois 35.)

Khămavāsi araññavāsi.

Entretien sur la religion entre deux moines, l'un habitant la ville, l'autre la forêt. Ms. en éventail, tracé à la stéatite.

XVIIIe siècle. Écriture siamoise cursive. Parabéike, 28 plis de 35o × 115 mm., 5 l.

277 (Siamois 36.)

Phong sāvada dān samuthi som.

Deuxième volume de l'histoire du Buddha. — En forme de paravent; encre jaune.

XVIIIe siècle. Ecriture siamoise cursive (*mul* penché). Parabéike, 2o plis de 355 × 110 mm., 5 l., 25 à 36 akṣ.

278 (Siamois 37.)

Ru'ang nithan.

Un épisode de la vie apostolique à Siam en 1849. Rédigé par des Catéchistes.

XIXe siècle. Caractères latins. 10 feuillets de 140 × 235 mm., 23 l.

279 (Siamois 38.)

Grammatica linguæ siamicæ ad usum eorum qui eam addiscere volunt.

Ouvrage très sommaire.

XVIIIᵉ siècle. Caractères latins. Papier européen, 7 feuillets de 170 × 227 mm., 35 l.

280 (Siamois 39.)

Grammatica linguæ siamicæ.

Même ouvrage que le précédent. — Incomplet, s'arrête au 3ᵉ chapitre (De accentibus).

XVIIIᵉ siècle. Caractères latins. 3 feuillets de 180 × 235 mm., 22 l.

281 (Siamois 40.)

Pathŏmmakoka.

Méthode en vers pour enseigner aux enfants la langue siamoise, la politesse et la morale.

XIXᵉ siècle. Écriture siamoise cursive. 29 plis de 340 × 113 mm., 4 l., 25 à 35 akṣ.

282 (Siamois 41.)

« Vocabulaire bali-siamois trouvé à la pagode du roi. »

XIXᵉ siècle. Écriture siamoise cursive. Papier européen, 175 feuillets de 220 × 270 mm., 12 l., 10 à 30 akṣ.

283 (Siamois 42.)

« Langue siamoise. Choix de mots relevés et difficiles, siamismes les plus usités, par F.-X. Tessier. »

XIXᵉ siècle. Caractères latins. Papier européen, 13 feuillets de 180 × 230 mm., 30 l.

284-285 (Siamois 43-44.)

Phra: Aniruth.

Histoire du roi Aniruth allant à la recherche de la reine Usá. — En deux volumes.

XIXe siècle. Écriture siamoise cursive. Parabéike, 27 et 29 plis de 355 × 115 mm., 4 l., 25 à 35 akṣ.

286-291 (Siamois 45 ¹⁻⁵.)

Phra: Aphaïmăni.

En six volumes. — Histoire d'Aphaïmăni (= Abhayamaṇi), fils de roi qui se fit ermite.

XIXe siècle. Écriture siamoise cursive. 27, 28, 28, 29, 30 et 28 plis de 340 × 110 mm., 4 l., 30 à 35 akṣ.

292 (Siamois 46.)

Phra: Lăksănăvŏng.

Tome Ier.

XIXe siècle. Écriture siamoise vulgaire. Parabéike, 54 plis de 350 × 110 mm., 4 l., 20 à 25 akṣ.

293 (Siamois 48.)

Nathan.

Histoire légendaire. — Incomplet.

XIXe siècle. Écriture siamoise. 29 plis de 345 × 110 mm., 4 l., 15 à 30 akṣ.

294 (Siamois 49.)

« Livre d'astrologie, pronostics pour les 12 années d'après le système indien. — Ms. siamois de M. Rienzi, 9bre 1833. »

Nombreuses figures représentant les animaux du cycle duodénaire et des personnages finement dessinées et coloriées. Diagrammes magiques.

XVIIIe siècle. Écriture siamoise cursive. 31 plis de 365 × 110 mm., 5 l., 25 à 35 akṣ.'

295-296 (Siamois 50 et 50 *bis.*)

Sūrya.

En deux volumes. — Poème astronomique.

XIXe siècle. Écriture siamoise cursive. 38 et 36 plis de 35o X 12o mm., 4 l., 2o à 25 akṣ.

297 (Siamois 51.)

« Les pouvoirs de M. de Montigny, ambassadeur à la cour de Siam... traduits en siamois... par F.-X. Tessier, à Bangkok, le 28 juillet 1856. »

XIXe siècle. Caractères latins. Papier européen, 6 feuillets de 155 X 2o5 mm., 2o à 22 l.

298 (Siamois 52.)

« Les 150 titres des rois de Siam avec leurs racines sanscrites, pâlies, cambodgiennes, cochinchinoises et chinoises, traduits mot-à-mot en latin par M. Clémenceau, missionnaire à Siam depuis 1833. Cette bizarre nomenclature a pourtant cela d'utile qu'elle réunit les attributs accordés aux rois, aux héros et aux divinités de l'Inde. F.-X. Tessier. »

XIXe siècle. Caractères siamois cursifs et latins. 6 feuillets de 175 X 24o mm., 15 à 25 l.

299 (Siamois 53.)

« Langue annamite et langue siamoise. Extrait d'un examen de conscience annamite avec caractères annamites, traduction siamoise. F. Tessier. »

XIXe siècle. Caractères chinois et latins. 12 feuillets de 175 X 235 mm., 1o à 25 l.

300 (Siamois 54.)

« Extrait d'un examen de conscience siamois-annamite et vice versâ. F. Tessier. »

XIXe siècle. Caractères latins. Papier européen, 3o feuillets de 145 X 225 mm., 25 l.

301 (Siamois 55.)

« Alphabet *karieng*. Nomenclature de la langue, dialecte *mieso*, figurée avec les caractères birmans. 1848. F.-X. Tessier. »

XIXe siècle. Caractères birmans et latins. Papier, 19 feuillets de 178 × 220 mm., 2 l.

302 (Siamois 56.)

Langue *karieng*. Catéchisme *karieng* dialecte *mieso*, suivi de prières et de cantiques dans la même langue, composé par un missionnaire, en 1847 ; avec traduction française.

A la fin : « Bangkok, 9 avril 1855. Laudetur Jesus Christus. F. Tessier ». — Fol. 40 : Alphabet birman et sa transcription en caractères latins ; fol. 41 : Alphabet *mul* et transcription en cursive siamoise.

XIXe siècle. Caractères latins. 41 feuillets de 175 × 220 mm., 24 l.

303 (Siamois 57.)

Requête d'un fermier d'impôts au ministre des finances. — Bangkok, 1855.

XIXe siècle. Écriture siamoise cursive. 1 feuillet de 255 × 375 mm., 11 l., 20 à 40 akṣ.

304 (Siamois 58.)

Cours des marchés siamois en août 1856, à l'époque de la conclusion du traité avec la France.

1856. Papier, 2 feuillets de 185 × 235 mm., 18 l.

305 (Siamois 59.)

Dôi o'n ou compliments usités en Cochinchine à la réception d'un grand personnage. — Pièce en annamite, signée : Hừng Thầy.

XIXe siècle. Annamite en transcription latine (*quốc ngữ*). Papier chinois, 1 feuillet de 225 × 255 mm.

306 (Siamois 60.)

Lettre d'une religieuse annamite à un missionnaire commençant par ces mots : *Trọng kính cha rứt yêu dấu. Đội ơn Chuá củ phủ...* et signée : Nay thơ, Mat ta kiều hý.

XIXe siècle. Annamite en transcription latine, dite *quốc ngữ*. Papier, 1 feuillet de 175 × 235 mm., 17 l.

307 (Siamois 61.)

Săvĕtra: xăt.

Le Parasol blanc du roi. — Poème.

XIXe siècle. Écriture siamoise cursive. 9 plis de 340 × 110 mm., 4 l., 25 à 35 akṣ.

308 (Siamois 62.)

Sămŭt păthŏm do'm

« Le livre du commencement de toutes choses, ou histoire sainte depuis la création du monde jusqu'à la venue de Jésus-Christ, par Grandjean, Bangkok, 1846. »

XIXe siècle. Écriture siamoise vulgaire. 55 plis de 350 × 125 mm., 5 l., 25 à 35 akṣ.

309 (Siamois 63.)

Phra: aja kan.

Introduction au Code siamois. — Loi criminelle.

XIXe siècle. Écriture siamoise cursive. Parabéike, écrit à la stéatite. 28 plis de 335 × 110 mm., 4 l., 20 à 25 akṣ.

310 (Siamois 64.)

Sănja fárăngsĕt.

Traité entre la France et le Siam.

XIXe siècle. Écriture siamoise cursive. 30 plis de 350 × 110 mm., 4 l., 20 à 25 akṣ.

311 (Siamois 65.)

I. Recueil des lois siamoises. Imprimé à Bangkok en 1849.

II. « A copy of an ancient Siamese inscription. The original is dated about the year 1193 of the Christian era, and was discovered on a stone pillar in the city of Sukhoday, the capital of Siam at that period. »

XIX⁰ siècle. Papier, 328 pages de 165 × 250 mm.

312 (Siamois 66.)

Savãtdĭrăksá.

« Ars prope curandi reipsum, oblata filio regis a talapuino, vetus poema. » Note du P. F.-X. Tessier.

1820. Écriture siamoise cursive. 37 plis de 355 × 120 mm., 4 l., 30 à 40 akṣ.

313 (Siamois 67.)

Phra: Subintha-Kumani.

Roman en vers.

XIX⁰ siècle. Écriture siamoise cursive. 33 olles de 505 × 55 mm., 5 l., 35 à 45 akṣ. (Burnouf, 203.)

314 (Siamois 68.)

Recueil, en vers, de prières et de litanies usitées dans l'église catholique de Siam.

XIX⁰ siècle. Écriture siamoise cursive. 43 plis de 396 × 125 mm., 7 l., 35 à 45 akṣ. (Burnouf, 205.)

315 (Siamois 69.)

Phra: Vesandor (= Vessantara).

XIX⁰ siècle. Écriture siamoise cursive. 8 olles de 500 × 65 mm., 6 l., 50 à 60 akṣ. (Burnouf, 204.)

316 (Siamois 70.)

Phra: Malăi.

Récit, tiré d'un texte pāli-singhalais, de l'ascension au ciel du moine Malăi et de sa descente aux enfers.

XVIII⁰ siècle. Écriture siamoise cursive. 42 plis de 400 × 125 mm., 7 l., 55 à 65 akṣ.

317 (Siamois 71.)

Ton thang fărăngsēt.

Le chemin français. — Poème.

XIXᵉ siècle. Écriture siamoise vulgaire. 38 plis de 385 × 125 mm., 6 l., 20 à 3o akṣ.

318 (Siamois 72.)

Phra: Lăksănăvŏng.

Troisième volume.

XIXᵉ siècle. Écriture siamoise vulgaire. 3ɪ plis de 34o × ɪɪ5 mm., 4 l., 20 à 25 akṣ.

319-320 (Siamois 73-74.)

Khon abot.

Roman siamois.

XIXᵉ siècle. Écriture siamoise cursive. 38 et 4o plis de 39o × ɪ25 mm., 7 l., 5o à 6o akṣ.

321 (Siamois 75.)

Bumarăt thăm.

Ouvrage théologique.

XIXᵉ siècle. Écriture siamoise cursive. 38 plis de 39o × ɪɪ5 mm., 7 l., 35 à 45 akṣ.

322 (Siamois 76.)

Pra sămŭt.

Récit légendaire, en vers.

XIXᵉ siècle. Écriture siamoise cursive. 28 plis de 345 × ɪɪ5 mm., 5 l., 20 à 3o akṣ.

323 (Siamois 77.)

Pa:ri nĭppăn : (= Parinibbāna).

Fragment sur olles, écrit à l'encre.

XIXᵒ siècle. Écriture siamoise cursive. ɪo olles de 6oo × 6o mm., 5 l., 35 à 45 akṣ.

324 (Siamois 78.)

Traité médical relatif à l'acupuncture et au massage.

Onze figures de grande dimension, représentant le corps humain.

XIXe siècle. Écriture siamoise cursive. 22 plis de 350 × 120 mm., 2 à 7 l., 10 à 40 akṣ.

325 (Siamois 79.)

I. — Deux fac-similés de textes de la Bibliothèque bodléienne à Oxford, qui possède les originaux : 1. Fragment d'une lettre d'un roi de Siam à un roi de Portugal. — 18 l. (Ms. Siam d. 1.) — 2. Page d'un ms. siamois de la Bibliothèque bodléienne. — 9 l. (Ms. Or. Polygl. c. 1.) Ces deux photogravures, exécutées à la demande du roi de Siam actuel, sont accompagnées d'une note imprimée émanant de la Bibliothèque bodléienne.

II. — Brevet de décoration, imprimé, en siamois.

XIXe siècle. Écriture siamoise cursive. 3 pièces reliées en un vol. de 285 × 415 mm.

326-329 (Siamois 80-83.)

Quatre contrats, en siamois, écrits à la stéatite sur carton feutré noir, plié en forme de paravent. Une feuille de papier chinois avec douze sceaux, sur chacun desquels on a apposé une signature à l'encre, est fixée à l'acte par une cordelette qui le traverse. Les extrémités de celles-ci sont prises dans une boule d'argile portant l'empreinte de la pulpe d'un doigt et d'un caractère chinois.

XIXe siècle. Écriture siamoise cursive. 14, 13, 16 et 9 plis de 320 × 95 mm., 3 l., 15 à 30 akṣ.

330-334 (Siamois 84-88.)

Khun chăng khun p'hën.

Poème en cinq volumes.

XIX⁰ siècle. Écriture siamoise cursive. Mss. en forme de paravent, de chacun 28 plis, de 33o × 11o mm., 4 l., 3o à 35 akṣ.

335 (Siamois 89.)

Histoire du Pégou.

XIX⁰ siècle. Écriture siamoise vulgaire. 7o olles de 386 × 5o mm., 5 l., 25 à 3o akṣ.

336 (Siamois 90.)

Formulaire médical.

Pāli-siamois.

XVIII⁰ siècle. Écriture siamoise cursive et *mul.* 18 olles de 33o × 55 mm., 5 l., 25 à 35 akṣ.

337 (Siamois 91.)

Mantras magiques.

Fragment.

XIX⁰ siècle. Écriture siamoise vulgaire et *mul.* 8 olles de 28o × 5o mm., 5 l., 25 à 35 akṣ.

338 (Siamois 92.)

Fragment d'ouvrage religieux, sans titre.

XIX⁰ siècle. Écriture siamoise vulgaire. 8 olles de 275 × 6o mm., 5 l., 25 à 3o akṣ.

339 (Siamois 93.)

Fragment d'ouvrage religieux, sans titre.

XIX⁰ siècle. Écriture siamoise vulgaire. 3 olles de 275 × 5o mm., 5 l., 25 à 3o akṣ.

340 (Siamois 94.)

Récit en vers, sans titre.

XIX⁰ siècle. Écriture *mul* et siamoise vulgaire. 35 plis de 355 × 12o mm. 6 à 7 l., 15 à 6o akṣ.

341 (Siamois 95.)

Khămpi nŭ'ng (?).

XIXe siècle. Écriture siamoise vulgaire. 36 plis de 350 × 115 mm., 5 l., 40 à 50 akṣ.

342-346 (Siamois 96-100.)

Dialogue sur la vraie religion (= la religion chrétienne).

XIXe siècle. Écriture siamoise vulgaire. Cinq volumes, chacun de 38 plis de 350 × 120 mm., 5 l., 30 à 40 akṣ.

347 (Siamois 101.)

Grammaire siamoise, en siamois.

XIXe siècle. Écriture siamoise vulgaire. 37 plis de 350 × 120 mm., 4 l., 40 à 50 akṣ.

348 (Siamois 102.)

Alphabet et syllabaire siamois.

XIXe siècle. Écriture *mul* et siamoise vulgaire. 27 plis de 330 × 100 mm., 4 l., 20 à 50 akṣ.

349-350 (Siamois 103-104.)

Doctrine chrétienne.

XIXe siècle. Écriture siamoise vulgaire. 38 et 38 plis 350 × 115 mm., 5 l., 20 à 50 akṣ.

CATALOGUE SOMMAIRE

DES

MANUSCRITS MALAYO-POLYNÉSIENS

DE LA

BIBLIOTHÈQUE NATIONALE

---

1 (Batak 1.)

Pustaha (= skr. *pustaka* « livre, manuscrit »).

Recueil de formules magiques, conjurations, exorcismes, charmes curatifs, etc.

Couverture en bois sculptée, avec ornements.

Écriture batake. Écorce. 31 plis de 190 × 170 mm.

2 (Batak 2.)

Pustaha.

Écriture batake. Écorce. 32 plis de 70 × 45 mm.

3 (Batak 3.)

Pustaha.

Écriture batake. Papier. 14 plis de 170 × 100 mm.

4 (Batak 4.)

Pustaha.

Couverture en bois.

Écriture batake. Écorce. 14 plis de 130 × 120 mm.

5 (Batak 5.)

Pustaha.

Couverture en bois.

Écriture batake. Écorce. 56 plis de 150 × 85 mm.

6 (Batak 6.)

Pustaha.

Couverture en bois.

Écriture batake. Écorce. 23 plis de 235 × 140 mm.

7 (Batak 6 *bis.*)

« Notice sur un curieux manuscrit rapporté de l'Inde. (Signé) D. Ducom, Bordeaux, 1877, in-8. »

Le manuscrit qui fait l'objet de cette notice est le numéro précédent.

8 (Batak 7.)

Pustaha.

Écriture batake. Écorce. 21 plis de 90 × 90 mm.

9 (Batak 8.)

Pustaha.

Écriture batake. Écorce. 24 plis de 200 × 105 mm.

10 (Batak 9.)

Pustaha.

Couverture en bois.

Écriture batake. Écorce. 7 plis 125 × 100 mm.

11 (Batak 10.)

Pustaha.

Écriture batake. Écorce. 18 plis de 90 × 75 mm.

12 (Batak 11.)

Pustaha.

Couverture en bois.

Écriture batake. Écorce. 10 plis de 290 × 180 mm.

13 (Batak 12.)

Pustaha.

Couverture en bois.

Écriture batake. Écorce. 28 plis de 250 × 190 mm.

14-15 (Batak 13 et 14.)

I. *Pustaha.*

II. Calque du manuscrit précédent.

Écriture batake. Papier, 340 × 210 mm. 2 vol. cartonnés.

16 (Batak 15.)

Pustaha.

Écriture batake. Écorce. 18 plis de 65 × 55 mm., 7 l.

17 (Batak 16.)

Pustaha.

Couverture en bois sculpté.

Écriture batake. Écorce. 17 plis de 140 × 70 mm.

18 (Madécasse 1.)

Dessins coloriés, grossièrement exécutés, d'animaux, d'arbres et des figures cabalistiques, sans texte explicatif.

Sur ce ms. et les suivants, cf. G. Ferrand, *Essai de phonétique comparée du malais et des dialectes malgaches* (Paris, 1909, in-8°), *Introd.*, pp. XLIV-XLVII.

XVIe siècle. Écriture arabico-malgache. Cuir tanné, 14 feuillets de 180 × 190 mm. d.-rel.

19 (Madécasse 2.)

Textes divers, en arabe et en malgache.

XVIe siècle. Écriture arabico-malgache. Papier indigène, 36 feuillets de 15o × 155 mm., d.-rel.

20 (Madécasse 3.)

Recueil analogue.

XVIe siècle. Écriture arabico-malgache. Papier indigène. 65 feuillets de 25o × 255 mm., d.-rel.

21 (Madécasse 4.)

Recueil analogue.

XVIe siècle. Écriture arabico-malgache. Papier indigène. 77 feuillets de 255 × 255 mm., d.-rel.

22 (Madécasse 5.)

Recueil analogue.

XVIe siècle. Écriture arabico-malgache. Papier indigène. 144 feuillets de 23o × 25o mm., d.-rel.

23 (Madécasse 6.)

Recueil analogue.

XVIe siècle. Écriture arabico-malgache. Papier indigène. 144 feuillets 19o × 220 mm.

24 (Madécasse 7.)

Recueil analogue.

XVIe siècle. Écriture arabico-malgache. Papier indigène. 126 feuillets de 29o × 31o mm., rel. veau.

25 (Madécasse 8[1].)

Recueil analogue.

XVIe siècle. Écriture arabico-malgache. Papier indigène. 74 feuillets de 2o5 × 245 mm., rel. veau.

---

1. Les mss. Madécasse 9, 10, 11 et 12 sont devenus, respectivement, Suppl. arabe 2785-2787 et Arabe 5132.

26 (Madécasse 13.)

Copié en décalque de quatre manuscrits, réunis en un seul, analogues aux précédents.

Écriture arabico-malgache. Papier européen. A, p. 1-17. 205 × 174 mm.; B, p. 18-22, 200 × 215 mm.; C, p. 23-34, 200 × 209 mm., et D, p. 35-41, 200 × 300 mm.

27 (Malais-Javanais 1.)

Pratiques de la religion musulmane (ablutions, purifications diverses, prière, profession de foi).

En arabe, avec une traduction malaise interlinéaire.

XVIIIe siècle. Écriture neskhi. Papier oriental, 200 × 155 mm., 44 pages 10 l. Reliure parchemin. (Don de Langlès, 1820.)

28 (Malais-Javanais 2.)

بستان السلاطين *Bustânu 's-salâṭîna*, par Nûru 'd-Dîn ibn 'Alî ibn Hasanji ibn Moḥammad ar-Raoîrî.

Cf. Dr. Ph. S. van Ronkel, *Catal.*, p. 76-77.
Livre second, du chap. VII à la fin. (VII. Les princes de Nedj jusqu'au temps de Mahomet. — VIII. Mahomet et les quatre premiers califes. — IX. Les Arabes sous les Omayyades. — X. Les Arabes sous les Abbassides. — XI. Les princes musulmans de Deli. — XII. Les princes de Malâka et de Pahang. — XIII. Les princes d'Atjeh.)

1828. Écriture neskhi. Papier européen, 185-140 mm., 288 pages, 13 l. D. rel. parchemin.

29 (Malais-Javanais 3.)

هداية السالكين *Hidâyatu 's-sâlikîna* ou *Hidâyat as-sâlikin fi sulûk maslak al-muttaḥḳin.*

Guide du voyageur.

Adaptation malaise de la بداية الهداية *Bidâyat al-hidâyat,*
« Commencement de la bonne direction », traité de morale
religieuse d'Abû Hâmid al-Ghazâlî, par ʿAbd aṣ-Ṣamad al-
Palembânî.

Cf. Dr. Ph. S. van Ronkel, *Catal.*, p. 429-430.

Publié en 1873 à Singapore (lith.) et en 1310 (= 1892) à
Boulak. — A la fin deux textes religieux, en arabe vocalisé.

Note du fol. 2 : « Tot een aandenken van Ratoe Bagoes
Niti Nagoro, hoofdjaksa van Bantam, 12 aug. 1829. P. P.
Roorda van Eysinga. »

1241 (1825). Écriture neskhi. Papier européen, 220 × 150 mm., 266 pages,
19 l. Demi-chagrin.

30 (Malais-Javanais 4.)

تعْكُك سَكُل اورغ يغ منتت فايدة *Tangga segala orang yang
menuntut fâidat.*

« L'échelle de ceux qui recherchent ce qui est utile. »

Traité de morale religieuse musulmane, traduit de l'arabe
par ʿAbd aṣ-Ṣamad al-Palembânî.

1214 (1799). Écriture neskhi. Papier européen, 215 × 155 mm., 143 pages,
15 l. (Dulaurier.)

31 (Malais-Javanais 5.)

« An exposition of the mystical doctrine of the Sufis in
the Malay language. Written at Pasé on the Northern coast
of Sumatra. »

Copié (par Dulaurier) sur un manuscrit appartenant à la
Bibliotheca Marsdeniana de King's College, à Londres.

XIXe siècle. Écriture neskhi. Papier européen, 260 × 200 mm., 53 feuil.
lets, 25 l. (Dulaurier.)

32 (Malais-Javanais 6.)

Collection de *hadits*, en malais.

Copie exécutée par Dulaurier sur le ms. n° 180 de la Bibliotheca Marsdeniana.

Juin 1844. Écriture neskhi. Papier européen, 265 × 195 mm., 111 feuillets, 23 à 25 l. Demi-rel. maroquin. (Dulaurier.)

33 (Malais-Javanais 7.)

تعبير ممڤى *Ta'bir mimpi*. Explication des songes.

Incomplet.

XIX⁰ siècle. Écriture neskhi. Papier européen, 165 × 115 mm., 140 pages, 9 l. Reliure parchemin.

34 (Malais-Javanais 8.)

ووكون جاو دڤنده ڤد بهاس ملايو *Wukon jâwa di-pindah pada bahâsa malâyu.*

Calendrier javanais, traduit en malais.

Cf. Dulaurier, *Mémoire*, p. 18, 104 et 105. — Roorda van Eysinga, *Handboek der land- en volkenkunde*, III, deel I, p. 285.

Copie (partielle) de Dulaurier sur le ms. 21 de la Raffles Collection (Royal Asiatic Society). — Une autre copie de ce ms., exécutée par Van der Tuuk, se trouve à la Bibliothèque de l'Université de Leyde, n° cccxxxix (Cod. 3302).

1844. Écriture neskhi. Papier européen, 260 × 245 mm., 98 feuillets, nombre de lignes variable. 30 calques au crayon des figures coloriées du ms. original. Demi-rel. chagrin. (Dulaurier.)

35 (Malais-Javanais 9.)

شرط الايمان *Shart al-îmân.*

Traité sûfî. — En arabe, avec une traduction interlinéaire javanaise, dite *pégon*.

XVIII⁰ siècle. Écriture neskhi. Papier javanais, 195 × 245 mm., 5 à 20 l. D.-rel. veau.

36 (Malais-Javanais 10.)

Dessin représentant le tombeau de Maulânâ Malik Ibrâhîm, un des introducteurs de l'islam à Java, mort le 10ᵉ jour du mois de Rebî' Iᵉʳ de l'an 822 (=8 avril 1419).

Voir *Tijdschrift voor Indische taal-, land- en volkenkunde*, LII, fasc. 3-5, pp. 596 sqq.; et *L'épitaphe de Malik Ibrâhîm à Grĕsik*, par A. Cabaton, dans la *Revue du monde musulman*, vol. XIII, fév. 1911, nº II, pp. 257-260.

XIXᵉ siècle. Un rouleau de 555 × 43o mm.

37 (Malais-Javanais 11.)

كتاب حكم قانون *Kitâb ḥukum ḳânûn.*
« Mahomedan laws of Malacca by Malay Rajah. »

Note de garde : Fol. 1 : « G. Huttmann. Malacca, 1823 ». — Le texte des deux premiers feuillets est renfermé dans un encadrement doré et peint.
Cf. Dr. Ph. S. van Ronkel, *Catal.*, p. 398.

XIXᵉ siècle. Écriture neskhi. Papier oriental, 25o × 155 mm., 62 pages, 18 l. Demi-rel. chagrin.

38 (Malais-Javanais 12.)

اندڠ ملاك *Undang-undang Malâka.*
Code des lois de Malaca.

Copie achevée le mercredi 26 septembre 1827.
Cf. Dr. Ph. S. van Ronkel, *Catal.*, p. 297-298.

1827. Écriture neskhi. Papier européen, 2o5 × 14o mm., 1o6 pages, 15 l. Demi-rel. chagrin.

39 (Malais-Javanais 12 *bis*.)

Extraits des Codes malais.

Copie de différents manuscrits, exécutée par Dulaurier, à Londres, en 1840.

I. Code de Malaca. — II. اندڠ ٢ *Undang-undang*. — III. Codes de Malaca. — IV. Rubriques des Codes malais. — Supplément : 3 feuilles de variantes. — V. Code de Kedah. — VI. Codes de Trangganou, de Djohore, de Selangor. — VII. Code de Makassar. — VIII. ʿ*Adat* et *Undang*. — IX. Code de Malaca. — Supplément.

1840. Écriture neskhi. Papier européen, 260 × 200 mm , 260 folios écrits d'un seul côté, 23 à 25 l. Demi-rel. parchemin.

40 (Malais-Javanais 12 *ter*).

Compendium der voornaamste civile Wetten en gewoontens waarna de Mahometanen zig in het decideren der onder hen opkomende verschillen reguleren, ten opzigte van de successien, etc., en besterffenissen, item hunne huwelijken en eglscheydingen, bijeenverzameld uyt het Mahomethaanse Wetboek, volgens de opgave der Priesters en inlandsche Hoofden, om onderhouden te werden, daar en zoo het behoort. — Te Batavia (1760), gedrukt bij 's Comps. Drukker C. C. Renhard.

Texte à deux colonnes, hollandais et malais.

Copie du commencement du XIXᵉ siècle. Écriture neskhi et caractères latins. Papier européen, 330 × 210 mm., 36 pages. Dem.-rel. parchemin.

41 (Malais-Javanais 13.)

اندڠ ٢ نڬري ملاك *Undang-undang negeri malâka*.

Note de la feuille de garde : « G. H. Huttmann. *Undang-Undang*, or Mahommedan Laws of Malacca. »

XIXe siècle. Écriture neskhi. Papier européen, 210 × 160 mm., 89 pages, 15 l. Demi-rel. chagrin.

42 (Malais-Javanais 13 *bis*.)

مختصر في الفقه *Mukhtaṣar fi al-faḳih.*
Abrégé de jurisprudence musulmane.

En arabe, avec une traduction juxtalinéaire malaise.
Note de garde : « Ce traité a été publié à Leyde, par M. Keijzer, texte arabe, traduction française et notes ; 1858, in-8°. Reinaud. » — Le livre auquel Reinaud faisait allusion est le suivant : *Précis de jurisprudence musulmane selon le rite châféite, par Abou Chodjâ'. Publication du texte arabe, avec traduction et annotations,* par Dr. S. Keyzer. (Leyde, 1859, in-8°.)

XVIIIe siècle. Écriture neskhi. Papier européen, 200 × 150 mm., 62 pages, 10 l. Rel. parchemin. (Renaudot.)

43 (Malais-Javanais 14.)

سلسله راج م دتانه جاو *Silsilet raja-râja di tânah Jâwa.*
« Histoire des rois de Java, depuis le commencement de notre ère jusqu'aux premières années du XIXe siècle. »

Deux tomes en un volume. — Copié par Aristide Rey sur les mss. 20 et 24 de la « Raffle's Collection ».

1846. Écriture neskhi. Papier européen, 350 × 230 mm., 892 pages, 19 l. Rel. maroquin (Don Aristide Rey.)

44 (Malais-Javanais 14 *bis*.)

بيلاعن تانه جاوا *Bîlangan tânah Jâwa.* — Autre titre :
حكايت ملايو *Ḥikâyat malâyu.*
Discours sur l'histoire de Java depuis l'époque musulmane.

Copié par l'abbé Favre?

XIX⁰ siècle. Écriture neskhi. Papier européen, 215 × 170 mm., 250 pages, 13 l. Cartonné.

45 (Malais-Javanais 15[1].)

حكايه راج بنجر دان كوتريڽ *Ḥikâyat râja Banjar dan Kota-ringin*.

« Histoire des rois de Bandjar Massin et de Kota Rĩngin. »

Note et copie de Dulaurier, décembre 1845. — Cf. Dr. H. H. Juynboll. *Catalogus*, pp. 237 sqq.; Dr. Ph. S. van Ronkel, *Catal.*, pp. 270-274.

1845. Écriture neskhi. Papier européen, 265 × 190 mm., 91 folios, 23 l. Demi-rel. chagrin.

46 (Malais-Javanais 15 *ter*.)

باب العقل كفد سڬل اورغ بسر *Bab al-'aḳel kapada segala orang besar-besar*.

Règle de conduite pour les grands personnages.

(Copié par l'abbé Favre?)

XIX⁰ siècle. Écriture neskhi. Papier européen, 215× 180 mm., 98 pages, 16 l. Cartonné.

47 (Malais-Javanais 16.)

شعر اورغ بتاوي *Sha'ir orang Betâwi*.

« Sayir on the Victory of the English over the Dutch Conquest of Batavia. London, oct. 17th 1838. Royal Asiatic Society, Collect. Raffles, numb[r] 32. »

Note de la main de Dulaurier.

1838. Écriture neskhi. Papier européen, 210 × 170 mm., 30 folios, 28 l. Demi-rel. chagrin.

---

1. Malais-Javanais 15 *bis. Ḥikâyat solṭân Alah ed-Dîn shâh*. En déficit.

48 (Malais-Javanais 17.)

حكايد محمد حنفيه *Ḥikâyat Muḥammad Ḥanaʃîyah.*

Histoire de Mohammed Hanafiah, héros malais.

Cf. Jacquet, *Bibliothèque malaye*, p. 24; Dr. H. H. Juynboll, *Catalogus*, p. 198 sqq.; Dr. Ph. S. van Ronkel, *Catal.*, p. 250-254.

XIXe siècle. Écriture neskhi. Papier européen, 285 × 220 mm., 444 pages, 15 l. Demi-rel. chagrin.

49 (Malais-Javanais 18.)

چترا قرغ خيبر *Chitrâ prang Khaibar.*

Note de garde : « G. H. Huttmann, 1823. — History of the War of the people of Chaber above Madina ».

XIXe siècle. Écriture neskhi. Papier européen, 210 × 155 mm., 180 pages, 16 l. Demi-rel. chagrin.

50 (Malais-Javanais 18 *bis.*)

حكاية راج ٢ فاسي *Ḥikâyat raja-râja Pâsei.*

Histoire des rois de Pasey.

Copiée et publiée par Dulaurier.

XIXe siècle. Écriture neskhi. Papier européen, 155 × 195 mm., 82 folios, 15 l. Demi-rel. parchemin.

51 (Malais-Javanais 19.)

شعر اندغ دليم *Sha'ir Endong Dalîma.*

Le poème d'Endong Dalîma.

Copié par Dulaurier sur le ms. 7 de la Collection Raffles, appartenant à la Société royale asiatique de Londres.

1842. Écriture neskhi. Papier européen, 260 × 200 mm., 43 folios, 25 l. Demi-rel. chagrin.

52 (Malais-Javanais 20.)

I. حكاية راج كريڤان *Ḥikâyat râja Kuripân.*
Histoire du roi de Kuripan, dans l'île de Java.

II. حكاية جوهر مانكم *Ḥikayât Jauhar Manikam.*

Histoire de la princesse Djauhar Manikam. — Traduite par Dulaurier (*Muséon*, XI, pp. 438-47), et par Aristide Marre (Épinal, 1897, in-16).

Cf. Dr. H. H. Juynboll, *Catalogus*, pp. 157-160; Dr. Ph. S. van Ronkel, *Catal.*, pp. 127-129.

1840. Écriture neskhi. Papier européen, 285 × 220 mm., 182 pages, 15 l. Demi-rel. chagrin.

53 (Malais-Javanais 21.)

شعر بيدساری *Sha'ir Bidasâri.*
Poème de Bidasari.

Cf. Jacquet, *Bibliothèque malaye*, p. 58, n° 133; Dr. H. H. Juynboll, *Catalogus*, pp. 1-2; Dr. Ph. S. van Ronkel, *Catal.*, p. 315.

Copie de la main de Dulaurier, interfoliée de papier de format plus grand que celui du ms.

XIXᵉ siècle. Écriture neskhi. Papier européen, 210 × 160 mm., 63 folios, 30 l. Demi-rel. chagrin.

54 (Malais-Javanais 22.)

بوڠ رمڤي *Bungga rampey.*
Anthologie.

Contes et histoires tirés pour la plupart de l'arabe et du persan. — Incomplet.
Cf. Dr. Ph. S. van Ronkel, *Catal.*, p. 88-91.

XIXᵉ siècle. Écriture neskhi. Papier européen, 170 × 100 mm., 480 pages, 9 l. Rel. parchemin (Dulaurier).

55 (Malais-Javanais 23.)

حكاية راج زاد بختين *Ḥikâyat râja Zâde Bakhtin*.

Roman fondé sur un mélange de données indiennes et musulmanes.

« G. H. Huttmann, 1824. History of the kings and princes of Ajam in Arabia. » Note au fol. 1.

1823. Écriture neskhi. Papier européen, 160 × 105 mm., 270 pages, 18 l. Demi-rel. chagrin.

56 (Malais-Javanais 24.)

حكاية راح مهاراج علي *Ḥikâyat râja mahârâja ʿAli*.
Histoire du mahârâja ʿAlî.

Cf. Dr. Ph. S. van Ronkel, *Catal.*, pp. 220-222.

1819. Écriture neskhi. Papier européen, 210 × 150 mm., 46 pages, 15 l. Demi-rel. chagrin.

57 (Malais-Javanais 25.)

حكاية علي بادشاه *Ḥikâyat ʿAli pâdishâh*.
Histoire du khalife ʿAlî.

Autre rédaction d'un texte intitulé حكاية راج (مهاراج) على *Ḥikâyat râja (mahârâja) ʿAlî*. — Cf. Dr. J. J. de Hollander, *Handleiding* (6ᵉ éd.), p. 331, nᵒ 5.

1824. Écriture neskhi. Papier européen, 185 × 120 mm., 168 pages, 13 l. Reliure parchemin.

58 (Malais-Javanais 26.)

حكاية معراج محمد *Ḥikâyat miʿrâj Muhammad*.
Histoire de l'ascension de Mahomet.

Titre du fol. 1, recto : *Ḥikâyat nabi miʿrâj yang túlis Muhammad Chiyang Saʿîdu 'llâh.*

Cf. De Hollander, *Handleiding*, p. 334; Dr. H. H. Juynboll, *Catalogus*, pp. 203-205; Dr. Ph. S. van Ronkel, *Catal.*, p. 229-231.

1824. Écriture neskhi. Papier européen, 175 × 110 mm., 249 pages, 9 l. Rel. parchemin.

59 (Malais-Javanais 27.)

حكاية سيرا فنج چترا *Ḥikayât sira Pañji chitrâ.*

« G. H. Huttmann, 1824. History of the kings of Java. »

1818. Écriture neskhi. Papier européen, 250 × 160 mm., 336 pages, 18 l. Demi-rel. chagrin.

60 (Malais-Javanais 28.)

حكاية نبي الله يوسف انق نبي الله يعقوب *Ḥikâyat nabi Allâh Yûsuf anaḳ nabi Allâh Ya'ḳûb.*

Histoire de Joseph, fils de Jacob.

Sur la feuille de titre : « G. H. Huttmann, 1822. History of Joseph. » — Cf. Dr. Ph. S. van Ronkel, *Catal.*, p. 216.

1821. Écriture neskhi. Papier européen, 200 × 150 mm., 70 pages, 15 l. Demi-rel. chagrin.

61 (Malais-Javanais 29.)

I. حكاية تميم الدار *Ḥikâyat Tamîm ad-Dâri.*

Histoire de Tamîm ad-Darî, l'un des compagnons du Prophète.

Cf. Dr. H. H. Juynboll, *Catalogus*, p. 208-10; Dr. Ph. S. van Ronkel, *Catal.*, p. 244-247.

II. حكايت ... خانم طاي *Ḥikâyat... khâtam Ṭây...*
Histoire de Khâtam Ṭây.

XIXᵉ siècle. Écriture neskhi. Papier européen, 170 × 105 mm., 184 pages, 9 l. Rel. parchemin.

62 (Malais-Javanais 30.)

حكاية ناظر شاه *Hikâyat Nâḍir Shâh.*

Histoire de Nâḍir Châh, roi de Deli (دالى).

Cf. Dr. H. H. Juynboll, *Catalogus*, p. 160.

XVIIIᵉ siècle? Écriture neskhi. Papier oriental, 195 × 145 mm., 92 pages,
13 l. Rel. parchemin.

63 (Malais-Javanais 31.)

I. حكاية فاطيمه كهاون *Hikâyat Fâṭimah kahâwin.*
Histoire du mariage de Fàtmah.

Cf. De Hollander, *Handleiding*, p. 332, n° 10.

II. حكاية راج سليمان *Hikâyat râja Sulaimân.*
Histoire du roi Salomon.

Traduite de l'arabe. — Werndly, *Mal. Spraakk.* cite un چرترا
در قد سليمان *Cheritra deri pada Sulaimân*; cf. De Hollander,
Handleiding, p. 335, n° 36.

1826. Écriture neskhi. Papier européen, 170 × 195 mm., 226 pages,
11 l. Rel. parchemin.

64 (Malais-Javanais 32.)

I. وصية نبي محمد *Waṣiyat nabi Muḥammad.*
Testament moral et religieux du prophète Mahomet.
II. حكاية راج لاحت *Hikâyat râja Lâhat.*
Histoire du roi Lâhat.
III. حكاية فرتن (فرتن) اسلام *Hikâyat Përtana Islâm.*
Histoire de Përtana (ou Fartana) Islâm, conseils moraux
du Prophète à une musulmane, sous forme d'entretien.

Cf. De Hollander, *Handleiding*, p. 333, n° 14; Dr. Ph. S.
van Ronkel, *Catal.*, p. 237, articles *Hikajat Fartana Islâm*

I, II, III. — Selon De Hollander, un autre ms. porterait encore le titre suivant : چريترا بردان ـ سلامة *Cheritra Bĕrdâna Selâmat.*

1827. Écriture neskhi. Papier européen, 170 × 115 mm., 202 pages, 11 l. Demi-rel. parchemin.

65 (Malais-Javanais 33.)

حكاية ابو سماه *Ḥikâyat Abû Samâh.*

Histoire d'Abou Samah, fils d'Omar, condamné à mort par son père, parce qu'il avait bu de l'arak et qu'il avait eu commerce avec une juive, pendant son ivresse.

Cf. Dr. H. H. Juynboll, *Catalogus*, 200, 202; Dr. Ph. S. van Ronkel, *Catal.*, p. 247-248.

1824. Écriture neskhi. Papier européen, 180 × 120 mm., 70 pages, 11 l. Rel. parchemin.

66 (Malais-Javanais 34.)

حكاية نبي لوط *Ḥikâyat nabi Lûṭ.*

Histoire du prophète Loth et de sa famille.

Traduction ou adaptation de l'arabe. — Cf. De Hollander, *Handleiding*, p. 335, nº 34.

XIXᵉ siècle. Écriture neskhi. Papier européen, 180 × 125 mm., 70 pages, 13 l. Demi-rel. parchemin.

67 (Malais-Javanais 35.)

حكاية تودد *Ḥikâyat tawaddud.*

Histoire de Tawaddud, esclave d'un riche marchand de Bagdad, achetée par le sultan Harun al-Rashîd.

Cf. Dr. Ph. S. van Ronkel, *Catal.*, p. 138.

1827. Écriture neskhi. Papier européen, 185 × 140 mm., 66 pages, 13 l. Demi-rel. parchemin.

68 (Malais-Javanais 36.)

حكاية نبي عيسى *Ḥikâyat nabî 'Isâ.*
Histoire du prophète Jésus.

Traduction de l'arabe. — Cf. De Hollander, *Handleiding*,
p. 336, nᵒ 38.

1829. Écriture neskhi. Papier européen, 185 X 110 mm., 196 p., 11 l.
Rel. parchemin.

69 (Malais-Javanais 37.)

I. حكاية راج بشمان دان لقمان *Ḥikâyat râja Boshmân dân
Lokmân.*
Histoire du roi Boshmân et de Lokmân.

II. حكاية ستي مروح *Ḥikâyat settî Marûḥ.*
Histoire de settî (dame) Marouh.

Sur ce ms., offert en 1820 par Langlès, voir la note de
Jacquet, *Bibliothèque malaye*, nᵒ 29, p. 20.

XVIIIe siècle. Écriture neskhi. Papier européen, 200 X 150 mm., 44 p.,
15 l. Rel. veau.

70 (Malais-Javanais 38.)

حكاية ڤلندق جناك *Ḥikâyat pelanduk jinâka.*
Histoire de la biche sagace.

Cf. Jacquet, *Bibliothèque malaye*, p. 29, nᵒ 51 et p. 66-67,
copie des notes qui se lisent sur les feuillets de garde et
une note jointe au ms.; Dr. H. H. Juynboll, *Catalogus*,
p. 137; Dr. Ph. S. van Ronkel, *Catal.*, p. 120.
Incomplet.

XVIIe siècle. Écriture neskhi. Papier oriental, 150 X 120 mm., 73 pages,
10 l. Rel. veau.

71 (Malais-Javanais 39.)

شعر كين تمبوهن *Sha'ir Ken Tambûhan.*

« Le poème de Kin-Tambouhan, copié sur un ms. de la Bibliotheca Marsdeniana... »

Note de Dulaurier.
Cf. Dulaurier, *Mémoire*, p. 49-52; Jacquet, *Bibliothèque malaye*, p. 58, n° 134; Dr. H. H. Juynboll, *Catalogus*, pp. 4-5; Dr. Ph. S. van Ronkel, *Catal.*, p. 312-313.

XIX⁰ siècle. Écriture neskhi. Papier européen, 260 × 215 mm., 103 feuillets, 25 l. Demi-rel. chagrin.

72 (Malais-Javanais 39 *bis*.)

Même ouvrage que le précédent.

Copie de Dulaurier.

XIX⁰ siècle. Écriture neskhi. Papier européen, 250 × 190 mm., 63 feuillets, 33 à 40 l. Demi-rel. parchemin.

73 (Malais-Javanais 40.)

شعر رادين منتري *Sha'ir Râden Mantri.*
Le poème de Raden Mantri.

« D'après un ms. appartenant à M. Roorda van Eysinga. »
« De schrijver is Alie Musthathier volgens de verklaring von Achmoed ben Abdullah van Palembang (Note de la main de M. Roorda van Eysinga [sur le ms. original]). »
Copie et note de Dulaurier.

XIX⁰ siècle. Écriture neskhi. Papier européen, 280 × 220 mm., 25 feuillets, 25 à 26 l. Demi-rel. chagrin.

74 (Malais-Javanais 41.)

I. حكاية سي مسكين *Ḥikâyat Si Miskin.*
Histoire de Si-Miskîn, ou Mara Krama (Karma).

Cf. Dr. H. H. Juynboll, *Catalogus*, p. 140; Dr. Ph. S. van Ronkel, *Catal.*, p. 133-134. — Ajouter aux éditions citées celle de M. Ch. A. van Ophuijsen (Leyde, 1905; 2ᵉ éd. 1906, gr. in-8).

II. حكاية شاه مردان *Ḥikâyat Shâh-i Merdân*.

Histoire de Shâhi Merdân, intitulée encore *Indra Jaya*, ou *Bikrama Ditya* (= *Vikramâditya?*) *Jaya*.

Cf. Dr. H. H. Juynboll, *Catalogus*, p. 148, 150, 151, 153; Dr. Ph. S. van Ronkel, *Catal.*, p. 109-112.

XIXᵉ siècle. Écriture neskhi. Papier européen, 250 × 180 mm., 272 p., 17 l. Demi-rel. chagrin.

75 (Malais-Javanais 42.)

حكاية شاه مسكين *Ḥikâyat Shâh-i Miskin.*

Rédaction plus étendue du texte II du ms. précédent.

XIXᵉ siècle. Écriture neskhi. Papier indien, 185 × 130 mm., 790 pages, 9 l. Reliure parchemin.

76 (Malais-Javanais 43.)

حكاية راج بورغ باين بديمان *Ḥikâyat râja bûrung Bâyan Budimân.*

Histoire de l'oiseau-roi Bâyan Budimân.

Imitation malaise du طوطى نامه *Ṭûṭi nâmeh* « livre du Perroquet ».

Cf. Jacquet, *Bibliothèque malaye*, p. 17, nᵒ 20; Dr. H. H. Juynboll, *Catalogus*, p. 125, 128, 130; Dr. Ph. S. van Ronkel, *Catal.*, p. 81-84.

XIXᵉ siècle. Écriture neskhi. Papier européen, 180 × 120 mm., 334 pages, 13 l. Reliure parchemin.

77 (Malais-Javanais 44.)

حكاية باين بديمان *Ḥikâyat Bâyan Budimân.*

Histoire de Bâyan Budimân.

Autre adaptation du نامه طوطى *Ṭûṭî nâmeh*. — Voir le ms. précédent.

XVIIIe siècle. Écriture neskhi. Papier européen, 190 × 150 mm., 380 p., 14 à 15 l. Demi-rel. chagrin.

78 (Malais-Javanais 45.)

حكاية خوج ميمون *Ḥikâyat Khûja* (= pers. خواجه *khwâjah*) *Maimûn*.

Histoire de Khodja Maïmoun.

Adaptation du نامه طوطى *Ṭûṭî nâmeh* et rédaction différente de l'*Ḥikâyat Bayân Budimân*.

Sur la feuille de garde : « G. H. Huttmann, 1823. Choja Mĕmon or (*sic*) ».

Cf. De Hollander, *Handleiding*, p. 342, n° 27.

XIXe siècle. Écriture neskhi. Papier européen, 165 × 205 mm., 264 p., 16 l. Demi-rel. chagrin.

79 (Malais-Javanais 46.)

I. حكاية سي بورغ فيغي *Ḥikâyat Si Bûruṅ Pinggai* ou *Pinggi*.

Conte de l'oiseau Pingai (ou Pingi), nymphe céleste sous la forme d'un oiseau.

Un extrait de cette composition se trouve dans *Bijdr. van het Instituut*, III, volgr., Dl. V, p. 156.

Cf. De Hollander, *Handleiding*, p. 356, n° 89; Dr. H. H. Juynboll, *Catalogus*, p. 273; Dr. Ph. S. van Ronkel, *Catal.*, p. 444.

II. حكاية راج سليمان *Ḥikâyat râja Sulaimân*.
Histoire du roi Salomon.

III. حكاية خوج ميمون *Ḥikâyat Khûja Maimûn*.
Voir le n° précédent.

Sur le recto de la première page : « G. H. Huttmann, 1822. History of the bird Pinjie ».

XIXe siècle. Écriture neskhi. Papier européen. [Les feuillets sont formés de 4 bandes de papier horizontales collées ensemble.] 260 × 195 mm., 96 pages, 17 l. Demi-rel. chagrin.

80 (Malais-Javanais 47.)

حكاية اندر فترا *Ḥikâyat Indra-putrâ.*
Histoire d'Indraputra.

Aventures merveilleuses et héroïques d'Indraputra, fils de Vakarma Puspa (= Vikramapuṣpa?), roi de Samanta Pura et d'une apsaras.

Cf. Jacquet, *Bibliothèque malaye*, p. 16, n° 18; Dulaurier, J. A., juillet 1840, p. 68; De Hollander, *Handleiding*, p. 341, n° 19; Dr H. H. Juynboll, *Catalogus*, 121, 124; Dr. Ph. S. van Ronkel, *Catal.*, p. 97-99.

1826. Écriture neskhi. Papier européen, 185 × 130 mm., 726 pages, 13 l. Demi-rel. parchemin.

81 (Malais-Javanais 48.)

حكاية اندر فترا *Ḥikâyat Indra-putrâ.*

Rédaction abrégée de l'ouvrage précédent.

1841. Écriture neskhi. Papier européen, 210 × 160 mm., 262 pages, 17 l. Demi-rel. chagrin.

82 (Malais-Javanais 49.)

حكاية راج هارون الرشيد *Ḥikâyat râja Hârûn ar-Rashîd;* fol. 39 v° : حكايتن تون فتري جوهر مليكن اورع بديمان *Ḥikâyat tûan putrî Jauhar Maligan orang budimân.*

I. Histoire du roi Hâroûn al-Rashîd.

II. Histoire de la sage princesse Jauhar Maligan.

Sur le nom de l'héroïne, *Jauhar Maligan*, habituellement appelée *Jauhar Manikam*, voir Dr. H. H. Juynboll, *Catalogus*, p. 159, cxxxii (Cod. 3266).

Fol. 1 r° : « G. H. Huttmann. 1823. History of Raja Aruwan Rasid of Bodad, alias Bagdad. »

XIX° siècle. Écriture neskhi. Papier européen, 160 × 210 mm., 78 pages, 16 l. Demi-rel. chagrin.

83 (Malais-Javanais 49 *bis*.)

حكاية تون ڤتري جوهر مانكم *Ḥikâyat tûan putri Jauhar Mânikam.*

Histoire de Djouher Manikam.

En marge du 1er feuillet, à rebours تون ڤتري جوهر مليكن *tûan putrî Jauhar Maligan.*

Cf. Dr H. H. Juynboll, *Catalogus*, p. 157-160.

XIX° siècle. Écriture neskhi. Papier européen, 105 × 165 mm., 176 p., 11 l. Demi-rel. veau.

84 (Malais-Javanais 50.)

حكاية سلطان هارون الرشيد *Ḥikâyat sulṭân Hârûn ar-Rashîd.*

Histoire du sultan Hâroùn al-Rashîd. — Cf. n° **82** (49).

1824. Écriture neskhi. Papier européen, 120 × 200 mm., 58 pages, 11 l. Rel. parchemin.

85 (Malais-Javanais 50 *bis*.)

حكاية اسما يتيم *Ḥikâyat Ismâ Yatim.*

Histoire de Ismâ Yatìm.

Traité de morale, publié par P. P. Roorda van Eysinga (Batavia, 1821). — Cf. Jacquet, *Bibliothèque malaye*, p. 14, n° 14 ; Dr. H. H. Juynboll, *Catalogus*, p. 161 ; Dr. Ph. S. van Ronkel, *Catal.*, p. 178-179.

XIX° siècle. Écriture neskhi. Papier européen, 140 × 195 mm., 367 p., 15 l. Demi-rel. veau.

86-87 (Malais-Javanais 51 et 52.)

Collection de pièces de poésies légères et de pantouns.

I (51). Copié par Dulaurier sur les mss. du lieutenant New-
bold et de la Royal Asiatic Society.

II (52). Copié par le même sur trois mss. de la Bibliotheca
Marsdeniana, de King's College, Londres.

1843. Écriture neskhi. Papier européen. 145 × 260 mm. 53 et 77 feuillets,
24 l. Demi-rel. chagrin.

88 (Malais-Javanais 53.)

شعر ايكن تمبرا *Sha'ir ikan Tambrá*.
Le poème du poisson Tambra.

Ms. copié à Londres, le 24 octobre 1838, sur le ms. 7 de la
Collection Raffles.

Publié par De Hollander, *Handleiding*, p. ٣٠٥-٣١٥ du
Bloemlezing. — Cf. Dr. H. H. Juynboll, *Catalogus*, p. 26.

XIXᵉ siècle. Écriture neskhi. Papier européen, 160 × 250 mm., 12 pages,
34 l., 2 vol. Demi-rel. chagrin.

89 (Malais-Javanais 54.)

شعر ابو شهيد *Sha'ir Abû Shahîd*.
Le poème d'Aboû Shahîd.

XIXᵉ siècle. Écriture neskhi. Papier européen, 140 × 175 mm., 16 pages,
col., 13 l. Demi-rel. parchemin.

90 (Malais-Javanais 55 *bis*.)

شيعر ملايو *Shi'ar malâyu*.
Poème malais allégorique, dans lequel les personnages
sont des oiseaux.

Copié par l'abbé Favre.

XIXe siècle. Écriture neskhi. Papier européen, 160 × 195 mm., 55 pages,
5 l., cahier cartonné oblong.

91 (Malais-Javanais 55 *ter.*)

شعير داكٓغ برجوال بلي دكارٓغ اوله توان سيمي دنكري سيڠاڤورا
*Sha'îr dâgang berjuâl beli di kârang ûleh tuân Siami di
negri Singâpura.*

Poème du trafiquant qui vend et qui achète, composé
par Tuan Siami, de Singapore.

Fol. 1, r° : « A poem concerning a trader buying et sel-
ling, composed par Tuan Siami, of the country of Singapore ». — Suit une analyse du poème en 23 lignes.

XIXe siècle. Écriture neskhi. Papier européen, 160 × 220 mm., 4 feuillets à 2 col., 13 l. Demi-rel. parchemin.

92 (Malais-Javanais 56.)

شيعر ملايو *Shï'ar malâyu.*

Voir le n° **90**.

1827. Écriture neskhi. Papier européen, 145 × 180 mm., 50 pages, 13 l.
Demi-rel. parchemin.

93 (Malais-Javanais 57.)

(دمينه) حكاية كليله دان دمين *Ḥikâyat Kalîlah dân Damîna*
(Daminah).

Histoire de Kalîlah et de Damîna(h).

Adaptation malaise de la version arabe d'une traduction
persane du *Pañcatantra* et de l'*Hitopadeça*; elle est encore
connue sous les noms de ڤنجٓ تٓندرم *Panja-tandaram* et de حكاية
ستروبه *Ḥikâyat si Terûbuh* sur la côte ouest de Sumatra. —
Cf. Jacquet, *Bibliothèque malaye*, p. 23, n° 39; De Hollan-

der, *Handleiding*, pp. 370-371, n° 7 ; Dr. H. H. Juynboll, *Cata-logus*, pp. 221-224, 226 ; Dr. Ph. S. van Ronkel, *Catal.*, pp. 77-81.

Fol. 1 v° : *îni ḥikâyat Kalîlah Damîna ûleh yang menûlis Muhammad Chiyaï Sa'îd Allâh adâña.*

1825. Écriture neskhi. Papier européen, 100 × 170 mm., 628 pages, 9 l. Reliure parchemin.

<h2 align="center">94 (Malais-Javanais 58.)</h2>

حكاية لقمان الحكيم *Ḥikâyat Loḳmân al-Ḥakim.*
Histoire de Loḳmân le Sage.

1826. Écritureneskhi. Papier européen, 125 × 180 mm., 44 pages, 13 l. Reliure parchemin.

<h2 align="center">95 (Malais-Javanais 58 bis.)</h2>

حكاية فنجا تندران يائت يغ دنماي اوله اورغ ملايو حكاية كليلا دمينا
Ḥikâyat Panja-tandarân ya itu yang di namâi oleh orang malayu ḥikâyat Galila Damînâ.

Traduction malaise, par 'Abdullah bin 'Abdulḳadir le « Munshi », d'une recension tamoule du *Pañcatantra*.

Autographiée à Malâka, le 8 novembre 1835.

1835. Écriture neskhi. Papier européen, 190 × 285 mm., 90 pages, 17 l. Demi-rel. veau.

<h2 align="center">96 (Malais-Javanais 59.)</h2>

شعير داگڠ برجوال بلي دكارڠ اوله توان سيمي دنكري سيڠافورا
Sha'ir dâyang berjuâl beli di kârang ûleh tuan Siami di negrî Singâpura.

Poème de Tuan Siami. — Un peu différent du n° **91**.

Les quatre premières pages sont traduites en anglais.

XIXᵉ siècle. Écriture neskhi. Papier européen, 165 × 210 mm., 84 pages, 16 l. Demi-reliure chagrin.

97 (Malais-Javanais 60.)

« Collection de lettres javanaises, bougui et malayes, provenant des portefeuilles de Marsden, de ceux de l'Académie de Delft et de différentes communications particulières. »

Copiées par Dulaurier. — Un grand nombre de lettres sont autographiées.

XIX⁰ siècle. Écritures neskhi, javanaise et bougui. 240 × 380 mm., 408 pages, nombre de lignes variable. Demi-reliure chagrin.

98 (Malais-Javanais 60 *bis.*)

« Fragment et huit lettres en malay. Ms. autographié et publié par M. Roorda van Eysinga. » Note de la main de Dulaurier.

Quatorze pièces autographiées; la onzième est en caractères javanais.

1845. Écriture neskhi. Papier européen, 200 × 310 mm. Demi-rel. parchemin.

99 (Malais-Javanais 61.)

Wayaṅ.
Pièce dramatique, en javanais.

Nombreuses figures coloriées. — Les feuillets 492-560 sont restés blancs. — Au verso de la feuille de garde le nom « H. Eustace » est imprimé au moyen d'un timbre.

XVIII⁰ siècle. Écriture cursive javanaise. Papier javanais, 170 × 270 mm., 1152 pages, 17 l., 25 à 30 akṣ. Demi-rel. chagrin.

100 (Malais-Javanais 62.)

« Dictionnaire hollandais-malay-javanais. »

Note de la feuille de garde : « Cet ouvrage fut entrepris par ordre et par les soins de M. Radermacher [1741-1783], directeur de la Compagnie des Indes hollandaises à Batavia... »

En caractères latins.

XVIII⁰ siècle. Caractères latins. Papier européen, 210 × 273 mm., 130 pages, 16 à 18 l. Cartonné.

101 (Malais-Javanais 63.)

حكاية سلطان اسكندر ذو القرنين *Ḥikâyat sulṭân Ḏû'l-Ḳarnain*. Histoire d'Alexandre le Bicornu. — Version malaise d'un roman d'Alexandre.

Cf. Jacquet, *Bibl. malaye*, p. 13, n⁰ 13; Dr. H. H. Juynboll, *Catalogus*, p. 191; Dr. Ph. S. van Ronkel, *Catal.*, pp. 255-260, article *Ḥikajat Iskandar Dzôe'l-Ḳarnajn*.

XIXᵉ siècle. Écriture neskhi. Papier européen, 130 × 190 mm., 908 p., 15 l. Demi-rel. chagrin.

102 (Malais-Javanais 64.)

حكاية كليله دان دمينه *Ḥikâyat Kalilah dân Damînah*. Histoire de Kalilah et de Daminah.

Rédaction différente du n⁰ 57.

Fol. 8 : *Maka di sâlin ḥikâyat îni deripada bahâsa hindû kapada bahâsa persî, maka di turunkan pûla kapada bahâsa malâyu.*

XIXᵉ siècle. Écriture neskhi. Papier européen, 165 × 221 mm., 364 pages, 15 l. Demi-rel. chagrin.

103 (Malais-Javanais 65.)

I. Eene zedekundig gedicht شعر عبادة [*Sha'ir 'Ibâdah*], gevonden bij de verovering van Boléleng op Balie.

II. De moord van Otzmân شعر موت بكند عثمان [*Sha'ir maut 'Uçmân*], een geschiedkundig gedicht.

III. Een zedekundig dichtstuk, waarin de letters als personen sprekende woorden ingevoerd.

IV. Eene verzameling van puntdichten door Hadji Zenâ 'l-Abidîn Abdollathîf.

V. ٢ شعر حرف بركات [*Sha'ir huruf bërkata-kata*]. Een kort, godsdienstig dichtstuk, waarin de letters sprekende woorden ingevoerd. — Voir III.

1846. Écriture neskhi. Papier européen, 320 × 200 mm., 160 pages, 2 col., 18 l. D.-rel. basane.

104 (Malais-Javanais 66.)

عمدة المحتاجين *'Umdat al-muhtâjin.*
Traité mystique, par 'Abdu 'r-Ra'ûf de Singkel (Atjeh).

Cf. Dr. Juynboll, *Catal.*, p. 270; Dr. Ph. S. van Ronkel, *Catal.*, pp. 425-427; Dr. C. Snouck Hurgronje, *The Achehnese*, t. II, p. 17; *Abdoerraoef van Singkel. Bijdrage tot de kennis van de mystik op Sumatra en Java...* door Douwe Adolf Rinkes,... (Heerenveen, 1909, in-8°).

XIXᵉ siècle. Écriture neskhi. Papier européen, 135 × 200 mm., 138 pages, 15 l. Rel. orientale.

105 (Malais-Javanais 67.)

حكاية قوبته مغندرا *Hikâyat Kobateh Mengindrâ.*
Histoire de Kobateh Mengindra (= qui est comme un Indra).

Récit fabuleux des exploits des dieux et des demi-dieux.
Cf. Werndly, *Maleische Boekzaal*, p. 355, n° 68 et Jacquet, *Bibl. malaye*, p. 35, n° 75 : چرتر قباة ليل اندر, *Histoire de Kobat Lela Indra.*
Incomplet.

XIXe siècle. Écriture neskhi. Papier oriental, 180 × 280 mm., 550 pages, 23 à 28 l. Cart. toile.

106 (Malais-Javanais 68.)

حكاية كود سلڠݢ *Ḥikâyat Kûda Selangga.*

Histoire de Kouda Selangga (ou چيكل *Chekel*, d'après une note du feuillet de garde).

Ce ms., fol. 1, porte encore le titre suivant : *Perkata'an sri Batara ing Majapahit.*

Manuscrit copié avec grand soin; les particules introductives ادڤون, سبرمول, اركين, etc., sont écrites en gros caractères à l'encre jaune, rouge, brune, bleue ou verte.

XIXe siècle. Écriture neskhi. Papier européen, 200 × 330 mm., 216 pages, 19 et 20 l. Demi-rel. basane.

107 (Malais-Javanais 69.)

Trois poèmes.

1. [شعير بوجڠ *Sha'ir bûjang*]. La jeune fille. — Cf. Dr. Ph. S. van Ronkel, *Catal.*, p. 331, n° CDLIV.

2. Révolte des Chinois à Batavia

3. Instructions morales.

XIXe siècle. Écriture neskhi. Papier européen, 205 × 325 mm., 74 pages, 2 col., 18 l. Cartonnage.

108-109 (Malais-Javanais 70 A et 70 B.)

Prières musulmanes, en arabe et en malais.

1825. Écriture neskhi. Papier européen, 115 × 180 mm., A. 350 pages; B. 434 pages, 13 l. Demi-rel. maroquin.

110 (Malais-Javanais 71.)

Babad.

Histoire javanaise, des origines à la mort de Senapati (1620).

En javanais.

XIXᵉ siècle. Écriture javanaise. Papier européen, 165 × 210 mm., 392 pages, 13 l. Demi-rel. basane.

111 (Malais-Javanais 72.)

Bhârata-Yuddha [ou *Brata-Yuda*].

Épopée en kawi, imitée du *Mahâbhârata*.
Cf. A. B. Cohen Stuart, *Brâtâ`Joedâ* (*Verhandel. v. h. Batav. Gen. v. k. en w.*, XXVII).

XIXᵉ siècle. Écriture javanaise. Papier européen, 195 × 240 mm., 258 pages, 15 l. Demi-rel. chagrin.

112 (Malais-Javanais 72 *bis*.)

Bhârata-Yuddha.

Ms. de la main de Dulaurier.

XIXᵉ siècle. Écriture javanaise. Papier européen, 127 × 190 mm., 960 feuillets (écrits d'un seul côté), 3 à 5 l. Demi-rel. veau.

113-115 (Malais-Javanais 73 A à C.)

Babad.

Chronique javanaise. — Le troisième volume renferme une autre rédaction du *Babad* que celle contenue dans les deux premiers.
Sur les *Babads*, cf. l'introduction de J. J. Meinsma, *Babad Tanah Djawi in proza...* ('s Gravenhage, M. Nijhoff, 1877). In-8°.

XIXᵉ siècle. Écriture javanaise. Papier européen, 195 × 240 mm., A. 594 pages, B 496 pages, C 220 pages, 15 l. Demi-rel. veau.

116 (Malais-Javanais 74.)

I. *Bima Sući* ou *Dewa Rući*.

Légende imitée du *Mahābhārata*. — Cf. Vreede, *Catalogus*, p. 248.

II. *Bånå-pućå*.

III. *Vivâha*.

En javanais.

XIXe siècle. Écriture javanaise. Papier européen, 190 × 242 mm., 368 pages, 15 l. Demi-rel. basane.

117 (Malais-Javanais 75.)

Pañji Jaya Lengkara.

Histoire du héros de ce nom, fils de Dewa Kusuma, prince de Jenggala.

Cf. Vreede, *Catalogus*, p. 159.
En javanais.

XIXe siècle. Écriture javanaise. Papier européen, 193 × 244 mm., 906 pages, 15 l. Demi-rel. basane.

118 (Malais-Javanais 76.)

I. *Manik-mâyâ*.
Mythologie javanaise.

Publié par J. J. de Hollander, *Verh. Bat. Gen.* XXIV, 1852; traduit par Winter. *T. v. N. I.*, 5e jg. I, 1 (1843), et en français : *Monit. des Indes Or. et Occ.*, t. III, pp. 295-320. — Cf. Vreede, *Catalogus*, p. 12.

II. *Aji Saka*.
Histoire légendaire de Java.

Cf. Vreede, *Catalogus*, p. 12.
En javanais.

XIXe siècle. Écriture javanaise. Papier européen, 190 × 240 mm., 302 pages, 15 l. Demi-rel. basane.

119 (Malais-Javanais 77.)

I. *Sejarah tanah Jawi.*

Résumé d'histoire javanaise.

II. Vocabulaire kawi, expliqué en javanais moderne.
III. Tables chronologiques.

En javanais.

XIXe siècle. Écriture javanaise. Papier européen, 200 × 320 mm., 92 p., 27 l. Cartonné.

120 (Malais-Javanais 78.)

Sujets de pièces du *Wayang* ou théâtre d'ombres javanais.

Cf. L. Serrurier, *De Wajang Poerwâ. Eine ethnologische Studie* (Leyde, 1896, in-fol.); Hazeu, *Bijdrage tot de kennis van het javaansch tooneel* (Leyde, 1896. In-8°).

XIXe siècle. Écriture javanaise. Papier européen, 205 × 320 mm., 202 pages, 24 l. Rel. toile.

121 (Malais-Javanais 79.)

Vocabulaire kawi-javanais.

XIXe siècle. Écriture javanaise. Papier européen, 165 × 195 mm., 16 l., 64 pages (écrites). Cartonné.

122 (Malais-Javanais 80.)

Wuwukun (=*Pawukon*).

Description des *Wukus*, ou périodes au nombre de trente, qui forment une année javanaise. — Histoire du dieu Watu Gunung, ou de l'origine de ces périodes. — Calendrier et chronomancie basés sur les *Wukus* et les *Windus*, ou cycles de huit ans.

Trente figures représentant les divinités qui président aux *Wukus*.

Cf. Vreede, *Catalogus*, p. 366.

XIXe siècle. Écriture javanaise. Papier européen, 200 × 315 mm., 168 pages, 31 l. Cart. toile.

123 (Malais-Javanais 81.)

Nitisastra (= skr. *Nîtiçâstra*).

En kawi, avec un commentaire en javanais moderne.

13 juin 1824. Écriture javanaise. Papier européen, 170 × 210 mm., 98 pages, 15 l. Rel. parchemin.

124 (Malais-Javanais 82.)

Panitisastra (= skr. *Pranîtiçâstra*).

Cf. Vreede, *Catal.*, p. 262; H. H. Juynboll, *Suppl.* II, p. 86.

XIXe siècle. Écriture javanaise. Papier européen, 160 × 200 mm., 82 p., 13 l. Demi-rel. toile.

125 (Malais-Javanais 83.)

كتاب نوكيل *Kitâb nûkil.*

Traité religieux, en *pégon* (javanais écrit en caractères arabes) de Bantam.

1824. Écriture neskhi. Papier européen, 200 × 275 mm., 150 pages, 16 l. Demi-rel. toile.

126 (Malais-Javanais 84.)

« *Dhosonomo* et *Tjondro Seungkolo*. »

Dasanama. Synonymes kawis. — *Ćandra sangkala*. Art d'exprimer les chiffres et les dates au moyen de mots qui ont une valeur numérique conventionnelle. Par ex. *sirna* (détruit) = 0 ; *bumi* (terre) = 1 ; *kĕrta* (œuvre) = 4, etc.

Les mots javanais sont accompagnés d'une transcription et de traductions malaise et hollandaise.

1826. Écritures javanaise et neskhi. Papier européen, 64 pages de 330 à 435 × 210 à 275 mm.

127 (Malais-Javanais 85.)

Rama kawi.

Adaptation kawie du *Rāmāyaṇa* ; cf. Vreede, *Catal.*, p. 6.

« Ms. javan apporté de Batavia et cédé à la Bibliothèque impériale par M. Leschenault ; ce 31 août 1809. L. Langlès. » Note du feuillet de garde.

XIXᵉ siècle. Écriture javanaise. Papier javanais, 195 × 255 mm., 558 p., 17 l. Cartonnage oriental.

128 (Malais-Javanais 86.)

Relation de la visite du naturaliste Leschenault au volcan du mont Idjen, résidence de Besuki (île de Java), en septembre 1805.

Notes de Leschenault et de Langlès sur la feuille de garde, datées du mois d'août 1809.

En javanais.

1805. Écriture javanaise. Papier européen, 180 × 230 mm., 46 pages 13 l. Cartonné.

129 (Malais-Javanais 87[1].)

« Grammaire arabe, intitulée تصريف *Tessryf* [Inflexion des mots], en arabe et en malais, offerte à la Bibliothèque du Roi, le 22 août 1820. L. Langlès. »

Traité grammatical, en arabe, avec une traduction interlinéaire malaise.

XVIIIᵉ siècle. Écriture neskhi. Papier javanais, 120 × 220 mm., 186 pages, 9 l. Demi-rel. parchemin.

130 (Malais-Javanais 90.)

حكايت عبد الله بن عبد القادر منشي *Ḥikâyat ʿAbdu ʾllâh bin ʿAbdu ʾl-Ḳadir Munshi*.

----

1. Les manuscrits 88 et 89 ont reçu les numéros 582 et 583 dans le fonds arabe.

Autobiographie d'ʿAbdullah bin ʿAbdulḳadir, le Munshi,
avec une préface en anglais.

Autographié.

1830. Écriture neskhi. Papier européen, 210 × 275 mm., 441 pages,
15 l. Rel. toile.

131 (Malais-Javanais 91.)

Copie d'une inscription javanaise archaïque, avec transcription en caractères kawis plus récents et traduction en
javanais moderne.

1814. Écriture javanaise. Papier européen, 210 × 320 mm., 24 pages,
8 l. Rel. parchemin.

132 (Malais-Javanais 92.)

« Genealogy of the Sooltan Suppou of Chairebôn. »
« Généalogie des rois de Java. » Note de Dulaurier.

En javanais, avec une traduction anglaise.

1790. Écriture javanaise. Papier européen, 430 × 540 mm., une feuille,
22 l. Demi-rel. parchemin.

133 (Malais-Javanais 93.)

Pañji Jayeng Rânâ.

Épisode de l'histoire du héros javanais Pañji.
D'après Rafflès, *History of Java*, 1re éd., I, p. 392, l'histoire de Pañji commence avec le règne de Sri Jaya Langkara,
roi de Medang Kamulan, son grand-père, et finit à sa mort.
Cf. Vreede, *Catalogus*, p. 156.

XIXe siècle. Écriture javanaise. Papier européen, 220 × 360 mm.,
58 pages, 22 l. Demi-rel. parchemin.

134 (Malais-Javanais 94.)

Tapël Adam ou *Anbya.*

Légende historique musulmane.

Cf. Vreede, *Catalogus*, p. 23.

Sur la feuille de garde : « *Boekoe Tapel Adam, namanja. Sampee koctieka kangdjeng Soltan Demak masook die roemah blukang, pengabissanja inie Soerat ikaijat. 1847* ».

En javanais.

XIXe siècle. Écriture javanaise. Papier européen, 2o5 × 33o mm., 732 pages, 2c l. Demi-rel. parchemin.

135 (Malais-Javanais 95.)

Prabu Resi.

Légende de Prabu Resi (= skr. ṛṣi).

Fol. 1 : *Boekoe Praboe Ressie Tritanja.*
En javanais.

XIXe siècle. Écriture javanaise. Papier européen, 22o × 35o mm., 48o pages, 22 l. Demi-rel. parchemin.

136 (Malais-Javanais 96[1]).

Menak lare.

Légende historique musulmane.

Fol. 1 r°. « Boekoe Miennak Laree Praboe Wis Rowo Tjrietanja ».
En javanais.
Cf. Vreede, *Catal.*, p. 60; Juynboll, *Suppl.* II, p. 21.

XIXe siècle. Écriture javanaise. Papier européen, 2o5 × 33o mm., 384 pages, 22 l. Demi-rel. parchemin.

137 (Malais-Javanais 99.)

Bugis and English vocabulary, compiled from several sources, by Professor Edward Dulaurier.

XIXe siècle. Écriture bugi. Papier européen, 17o × 23o mm., 24 feuillets, 9 à 1o articles à la page. Demi-rel. maroquin.

---

1. Les mss. malais-javanais 97 et 98 sont devenus n. acq. franç. 4031 et 893.

138 (Malais-Javanais 100.)

Wariga.

Calendrier kawi. — Fragment.

Cf. Juynboll, *Suppl.* II, p. 225.

XVIIIe siècle. Écriture javanaise. 49 olles de 275 × 35 mm., 4 l.

139 (Malais-Javanais 101.)

Recueil de lettres, en malais.

Avec plusieurs pièces en français et en anglais.
Traductions d'une lettre du roi de Sumatra à Jacques Ier et d'une autre adressée à Louis-Philippe par Ala Eddin Mansour Shâh, roi d'Atjeh ; lettre en arabe et lettre en anglais.

XIXe siècle. Écriture neskhi et caractères latins. Papier européen, 215 × 295 mm., 35 feuillets. Demi-rel. parchemin.

140 (Malais-Javanais 102.)

چرترا حسن الدين *Charitra Ḥasanu 'd-din.*
Histoire de Ḥasanu 'd-dîn, l'apôtre de Bantam.

Cf. Dr. H. H. Juynboll, *Catalogus*, p. 241, 242.
Copie exécutée par l'abbé Favre.

XIXe siècle. Écriture neskhi. Papier européen, 145 × 185 mm., 12 l. Cartonné.

141 (Malais-Javanais 103.)

حكايت چرترا نبي موسي دان حكاية چرترا در سؤرع يغ برلاكى استري.
I. *Ḥikâyat charitrâ nabî Mûsâ.*
Histoire du prophète Moïse.

II. *Ḥikâyat charitrâ sa-orang yang berlâki istrî.*
Devoirs d'une femme mariée.

Cf., pour le no I, P. Favre, Entretien de Moïse avec Dieu sur le mont Sinaï. Texte malais et traduction française, dans *Nouveaux Mélanges orientaux*, Paris, 1886, in-8°, pp. 157-182 ; Dr. H. H. Juynboll, *Catalogus*, p. 205.

Manuscrit de la main de l'abbé Favre.

XIXᵉ siècle. Écriture neskhi. Papier européen, 145 × 185 mm., 160 p., 8 l. Cartonné.

142 (Malais-Javanais 104.)

شعر عبادة *Sha'ir 'Ibádat*.

Poème religieux.

Copie de l'abbé Favre, faite probablement sur un ms. ayant appartenu au Prof. S. Keyzer, comprenant 162 distiques, et copié par Moḥammad Ḥasan, le 22 mai 1845.

Cf. Dr. H. H. Juynboll, *Catalogus*, p. 33-34.

XIXᵉ siècle. Écriture neskhi. Papier européen, 150 × 90 mm., 44 pages, 4 l. Cartonné.

143 (Malais-Javanais 105.)

Traité théologique.

En javanais.

XIXᵉ siècle. Écriture javanaise. Papier européen, 130 × 205 mm., 164 p., 13 l. Rel. orientale.

144 (Malais-Javanais 106.)

Dictionary Malayan and English... by W. Marsden, London, 1812, gr. in-8.

Nombreuses annotations manuscrites de Dulaurier.

Titre manque. — Préface, p. 1, en haut : « John Williams, Batavia, 1819 ».

XIXᵉ siècle. Papier européen. 270 × 205 mm. D.-rel. parchemin.

145 (Malais-Javanais 107.)

Nabi Yusup.

Histoire légendaire, en vers, du prophète Joseph.
En javanais.

Don de L. Langlès, 16 mai 1816.
Voir les n^{os} **150**, **154** et **224**.

XVIIIe siècle. Écriture javanaise. 119 olles de 495 × 35 mm., 4 l.

146 (Malais-Javanais 108.)

Primbon.

Recueil de traités mystiques, moraux et religieux. — En javanais.

XIXe siècle. Écriture javanaise. 79 olles de 245 × 30 mm., 1 à 4 l.

147 (Malais-Javanais 109.)

Contes et fragments de contes, dont le premier est l'histoire de Ken Helabranti, fille du roi de Madinah.

En javanais.

XIXe siècle. Écriture javanaise. 56 olles de 340 × 35 mm., 3 et 4 l.

148 (Malais-Javanais 110.)

Jagal Habilawa.

Drame javanais en vers.

XIXe siècle. Écriture javanaise. 104 olles de 360 × 40 mm., 4 l.

149 (Malais-Javanais 111.)

Damar Wulan.

Roman historique en vers javanais.
Cf. Vreede, *Catal.*, p. 174; Juynboll, *Suppl.* II, p. 1

XIXe siècle. Écriture javanaise. 185 olles de 370 × 35 mm., 4

150 (Malais-Javanais 112.)

Nabi Yusup.

XIXe siècle. Écriture javanaise. 125 olles de 420 × 30 mm., 4 l.

151 (Malais-Javanais 113.)

Damar Wulan.

En vers javanais.

XIXᵉ siècle. Écriture javanaise. 206 olles de 345 × 35 mm., 4 l.

152 (Malais-Javanais 114.)

Même ouvrage que le précédent.

XIXᵉ siècle. Écriture javanaise. 128 olles de 400 × 35 mm., 4 l.

153 (Malais-Javanais 115.)

Passeport javanais, apporté du détroit de Bali, par M. le vicomte Both de Tauzia.

XIXᵉ siècle. Écriture javanaise. 2 olles de 300 × 40 mm., 3 l.

154 (Malais-Javanais 116.)

Nabi Yusup.

XIXᵉ siècle. Écriture javanaise. 100 olles de 470 × 35 mm., 4 l.

155-156 (Malais-Javanais 117 et 118.)

Dictionnaire malais, par Édouard Dulaurier.

En deux volumes.

XIXᵉ siècle. Écriture arabe et transcription latine. 2 vol. de 475 × 325 mm., 136 et 98 feuillets. D.-rel. parchemin.

157 (Malais-Javanais 119.)

Vues et scènes diverses, peintes, paraissant se rapporter au *Râmâyaṇa.*

Aucune légende n'accompagne cette peinture.

Rouleau formé d'une toile de 2ᵐ,70 × 1ᵐ,50. Étui.

158 (Malais-Javanais 120.)

Poème sur l'incendie de Singapore, par Abdullah bin Abdulkadir, le Munshi.

En malais. — Autographié.

Rouleau de 3 mètres 100 × 135 mm., renfermé dans un carton.

159 (Malais-Javanais 121.)

Bhârata-yuddha (?)

En kawi.

XIXᵉ siècle. Écriture javanaise. 170 olles de 480 × 35 mm., 4 l.

160 (Malais-Javanais 122.)

Mintârâgâ ou *Arjunawiwâha.*

Poème javanais, publié et traduit par J. F. C. Gericke, sous le titre suivant : *Wiwoho of Mintorogo, een Javaansch gedicht met vertaling en aanteekeningen,* dans les *Verh. v. het Bat. Gen.,* XX. — Cf. aussi, Juynboll, *Suppl.* II, p. 9.

Sur l'un des ais formant couverture on lit : « *Saijang Minto-rogo, dari afdeeling Salatiga, Residentie Samarang. Soedah di tjitak.* »

XIXᵉ siècle. Écriture javanaise. 51 olles de 485 × 35 mm., 4 l.

161 (Malais-Javanais 123.)

Poème en kawi, sans titre.

XVIᵉ siècle. Écriture kawie. 78 olles de 470 × 40 mm., 4 l.

162 (Malais-Javanais 124.)

Poème en kawi, sans titre.

XIXᵉ siècle. Écriture javanaise. 82 olles de 370 × 35 mm., 4 l.

163 (Malais-Javanais 125.)

Layang (?)

En kawi.

XIXe siècle. Écriture javanaise. 131 olles de 430 × 35 mm., 4 l.

164 (Malais-Javanais 126.)

Arjunawiwâha.

Voir les nos **160, 183-185**.

XIXe siècle. Écriture javanaise. 128 olles de 470 × 30 mm., 3 l.

165 (Malais-Javanais 127.)

Fragment de poème épique.

En kawi.

XIXe siècle. Écriture javanaise. 36 olles de 440 × 40 mm., 4 l.

166 (Malais-Javanais 128.)

Wṛttasañcaya.

Traité de métrique, en kawi, publié et traduit par H. Kern
(Leyde, 1875, in-8°). Cf. Juynboll, *Suppl.* I, p. 132; II, p. 491.

XIXe siècle. Écriture javanaise. 14 olles de 470 × 35 mm., 3 et 4 l.

167 (Malais-Javanais 129.)

Râmâyaṇa.

Fragment. — En kawi.

XIXe siècle. Écriture javanaise. 60 olles de 500 × 40 mm., 4 l.

168 (Malais-Javanais 130.)

Fragment, sans titre, en kawi.

XIXe siècle. Écriture javanaise. 31 olles de 430 × 40 mm., 4 l.

169 (Malais-Javanais 131.)

Malat (?).

Aventures du héros Pañji. — En javanais.

XIXᵉ siècle. Écriture javanaise. 84 olles doubles de 5oo × 4o mm., 4 l.

170 (Malais-Javanais 132.)

Wariga.

Calendrier kawi. — Fragment.

XIXᵉ siècle. Écriture javanaise. 3o olles (doubles) de 82o × 35 mm., 3 et 4 l.

171 (Malais-Javanais 133.)

Râmâyaṇa.

Sarga XXIV, strophes 81-128 de l'édition Kern.
En kawi.

XIXᵉ siècle. Écriture balinaise. 6 olles doubles de 54o × 3o mm., 4 l.

172 (Malais-Javanais 134.)

Aventures de Pañji.
Fragment d'un poème balinais.

XIXᵉ siècle. Écriture javanaise. 13 olles doubles de 6oo × 45 mm., 4 l.

173 (Malais-Javanais 135.)

Malat (?).
Aventures de Pañji. — Fragment.

En kawi.

XIXᵉ siècle. Écriture balinaise. 21 olles doubles de 67o à 675 × 35 mm., 4 l.

174 (Malais-Javanais 136.)

Bhârata-yuddha.
Sargas I-XI, strophe 2 *b* de l'édition Gunning.

En kawi.

XIXe siècle. Écriture balinaise. 2r olles doubles de 465 × 4o mm., 3 à
4 l.

175 (Malais-Javanais 137.)

Râmâyaṇa.

Sarga I-III, strophe 20 de l'édition Kern.

En kawi.

XIXe siècle. Écriture balinaise. 15 olles de 46o × 35 mm., 4 l.

176 (Malais-Javanais 138.)

Malat.

Aventures de Pañji. — Commencement de la 6e section.
Cf. Brandes, *Beschrijving der Jav. Bal. en Sas. handschr. v.
Dr. van der Tuuk*, II, 138.

XIXe siècle. Écriture javanaise. 1o olles doubles de 46o à 565 × 3o à
4o mm., 3 l.

177 (Malais-Javanais 139.)

Kṛtbasa (= Saṃskṛtabhāṣā).

Fragment de dictionnaire kawi.
Cf. Juynboll, *Suppl.* II, p. 207.

XIXe siècle. Écriture javanaise. 4 olles doubles de 59o × 45 mm., 4 l.

178 (Malais-Javanais 140.)

Ćupak.

Poème balinais. — Cf. van der Tuuk, *Kawi-Bali. Wdb.*, I,
651, *s. v.*

XIXe siècle. Écriture balinaise. 18 olles doubles de 665 × 4o mm., 4 l.

179 (Malais-Javanais 141.)

Bhârata-yuddha.

Poème kawi, avec un commentaire balinais, qui s'arrête aux premiers mots. — Cf. Ed. Gunning, p. 1-3, ou 1, 1-14 *c*.

XIXᵉ siècle. Écriture balinaise. 7 olles doubles de 620 × 40 mm., 1 l.

180 (Malais-Javanais 142.)

Fragment d'un poème en kawi (*kakawin*), avec un commentaire balinais.

XIXᵉ siècle. Écriture javanaise. 11 olles doubles de 490 × 30 mm., 1 à 3 l.

181 (Malais-Javanais 143.)

Poème didactique, en prose (*tutur*).

XIXᵉ siècle. Écriture javanaise. 2 olles de 320 × 35 mm., 3 à 4 l.

182 (Malais-Javanais 144.)

Malat (?)

Aventures de Pañji.

Cf. Dr. H. H. Juynboll, *Suppl. op den Cat. der Jav. en Mad. hss.*, p. 182-195.

XIXᵉ siècle. Écriture javanaise. 12 olles doubles de 455 × 30 mm., 3 l.

183 (Malais-Javanais 145.)

Arjunawiwâha.

Fragment de ce poème kawi (*kakawin*), fol. 4 = IV, p. 12 de l'édition Friederich (*Verh. Bat. Gen. XXIII*).

XIXᵉ siècle. Écriture javanaise. 6 olles doubles de 450 × 30 mm., 4 l.

184 (Malais-Javanais 146.)

Arjunawiwâha.

Fragment de ce poème, III, p. 8 sq. de l'édition Friederich.

XIXᵉ siècle. Écriture javanaise. 8 olles doubles de 410 × 35 mm., 4 l.

185 (Malais-Javanais 147.)

Arjunawiwâha.

Fragment.

XIXᵉ siècle. Écriture javanaise. 3 olles doubles de 625 × 35 mm., 3 l.

186 (Malais-Javanais 148.)

Fragment d'un poème en balinais.

Sur l'une des olles, on lit : « Eigendom uit de Madioen ».

1859. Écriture balinaise. 5 olles de 265 × 35 mm., 4 l.

187 (Malais-Javanais 149.)

Kakawin (Fragment).

Poème en kawi.

XIXᵉ siècle. Écriture balinaise. 1 olle de 470 × 30 mm., 1 l.

188 (Malais-Javanais 150.)

Fragments et calques de mss. en javanais.
XIXᵉ siècle. Écriture javanaise. 12 olles de 385 × 35 mm., 3 à 4 l. et
42 calques.

189 (Malais-Javanais 151.)

Douze textes juridiques en lampong, gravés sur lames de
bambou.

XIXᵉ siècle. Écriture lampong. 12 lames de 390 à 460 × 30 à 50 mm.,
3 et 4 l.

190 (Malais-Javanais 152.)

Kakawin.

XIXᵉ siècle. Écriture javanaise 18 olles doubles de 595 × 40 mm., 4 l.

191 (Malais-Javanais 153.)

Fragment en kawi.

XIXᵉ siècle. Écriture javanaise. 4 olles de 255 × 3o mm., 4 l. et calques
en forme d'olles.

192 (Malais-Javanais 154.)

Calque d'un poème en kawi, sans titre.

XIXᵉ siècle. Écriture kawi. 6o feuillets en forme d'olles de 46o × 55 mm.,
4 l.

193 (Malais-Javanais 155.)

Texte juridique, en lampong.

XIXᶜ siècle. Écriture lampong. Rouleau de papier de 1ᵐ,555 × 95 mm.

194 (Malais-Javanais 156.)

Calque d'un poème javanais, sans titre.

XIXᵉ siècle. Écriture javanaise. 8 feuilles en forme d'olles de 2oo
× 4o mm., 4 l.

195-199 (Malais-Javanais 157-159.)

Copies d'inscriptions javanaises.

Cinq rouleaux.
157 (Rouleau, nᵒ 2). Inscription provenant de Hoenlong,
district de Limpoeijang, 1837.
158 (Rouleaux, nᵒˢ 1, 3, 4). Inscription provenant de la
résidence de Kedoe (Java), 1841.
159. Cinq inscriptions trouvées à Chéribon.
Chaque copie porte une légende en hollandais, indiquant
sa provenance.

XIXᵉ siècle. Écriture javanaise ancienne. Les inscriptions sur papier
des nᵒˢ 157 et 158 ont été collées sur toile et forment des rouleaux ; celles
du nᵒ 159, tracées sur toile, sont simplement pliées.

200 (Malais-Javanais 160.)

Texte juridique en lampong.

XIXe siècle. Écriture lampong. Lame de bambou de 1^m,115 × 30 mm.,
3 col., 3 l.

201 (Malais-Javanais 161.)

**Trente-quatre fragments d'olles doubles, avec un texte
en javanais.**

XIXe siècle. Écriture javanaise. 34 olles de 55 à 85 × 9 à 25 mm., 1 l.

202 (Malais-Javanais 162.)

Calques d'olles, provenant de Friederich.

XIXe siècle. Écriture javanaise. 24 feuillets en forme d'olles de 270
× 40 mm., 1 l.

203 (Malais-Javanais 163.)

Bhârata-yuddha.

Texte kawi de 238 stances numérotées en chiffres européens.

XIXe siècle. Écriture javanaise. Papier européen, 39 feuilles pliées de
315 à 350 × 200 mm., 20 à 24 l.

204 (Malais-Javanais 164.)

Quinze calques de textes javanais sur olles.

XIXe siècle. Écriture javanaise. Papier végétal, 280 × 400 mm., 3 et 4 l.

205 (Malais-Javanais 165-167.)

Copies d'inscriptions javanaises.

XIXe siècle. Écriture javanaise. Papier, 28 feuillets montés et reliés en
un vol. de 240 × 345 mm. D.-rel. parchemin.

206 (Malais-Javanais 168.)

**Recueil de textes, lithographiés sous la direction du
Dr Friederich et se rapportant à ses travaux.**

**I-VII. Reproductions du texte javanais des n°s 136, 142,
122, 128, 68 du fonds malais-javanais.**

VIII. شعير ملايو *Sha'ir malayu.*

IX. Deux tables astrologiques, lithographiées.

XIXe siècle. Écritures javanaise et neskhi. Papier européen, 270 × 400 mm., 70 feuillets. Demi-rel. parchemin.

207 (Malais-Javanais 169.)

Fragment, très dégradé, en kawi.

XIXe siècle. Écriture javanaise. 4 olles de 480 à 490 × 35 mm., 4 l.

208 (Malais-Javanais 170.)

Recueil d'alphabets, de fac-simile lithographiés et manuscrits, d'inscriptions, de calques, d'estampages, de notes, se rapportant aux travaux du Dr Friederich, bibliothécaire de la Société des Arts et Sciences de Batavia.

Nombreuses pièces, dont plusieurs en double exemplaire.

XIXe siècle. Écriture javanaise. Papier. 68 feuillets montés et reliés en un vol. de 390 × 475 mm. D.-rel. parchemin.

209 (Malais-Javanais 171.)

Copies d'inscriptions javanaises.

En cinq rouleaux.

XIXe siècle. Écriture javanaise ancienne. Cinq rouleaux (papier monté sur toile).

210 (Malais-Javanais 172.)

Correspondance du Gouverneur des Indes Néerlandaises avec les chefs de *kampongs* de Sumatra.

Trente-quatre pièces; ornements dorés, fleurs, sceaux en cire, empreintes de sceaux au noir de fumée.

A l'exception de la pièce n° 8, tout entière en hollandais, les autres sont rédigées en malais.

Donné par le comte de Pina, consul général de France, en mai 1882.

1726-1737. Écriture neskhi. Papier. Les pièces ont été montées en un vol. de 355 × 515 mm. D.-rel. parchemin.

211 (Malais-Javanais 173.)

Fac-simile de six inscriptions javanaises, provenant de la Résidence de Kedoe (île de Java).

1842. Écriture javanaise ancienne. Papier, un vol. de 455 × 575 mm. D.-rel. parchemin.

212 (Malais-Javanais 174.)

Fragment d'un texte kawi.

XIXe siècle. Écriture javanaise. 9 olles de 495 × 33 mm., 1 l. 1/2.

213 (Malais-Javanais 175.)

Bangsa-sutra (?)

En balinais.

XVIIIe siècle. Écriture balinaise. 111 olles de 510 × 35 mm., 4 l.

214 (Malais-Javanais 176.)

Fragment, sans titre, en kawi.

Olles 11; 13-33; 37-40; 61-69; 71-73; 79-89; 98.

XIXe siècle. Écriture javanaise. 48 olles de 510 × 35 mm., 4 l.

215 (Malais-Javanais 177.)

Kakawin.

XIXe siècle. Écriture javanaise. 7 olles doubles de 510 × 36 mm., 4 l.

216 (Malais-Javanais 178.)

Sĕrat kañċil.

Les aventures d'un « kañċil » (*Tragulus javanicus*), conte populaire javanais.

XIXe siècle. Écriture javanaise. Papier européen. 56 pages de 335 × 210 mm., 39 l. Rel. toile.

217 (Malais-Javanais 179.)

Fragment, sans titre, en kawi.

XIXe siècle. Écriture javanaise. 4 olles doubles de 600 × 38 mm., 4 l.

218 (Malais-Javanais 180.)

Fragment de conte, en javanais.

Un dessin en marge du verso de la première olle représente un oiseau pris entre les pinces d'un crabe. Cf. *Pañcatantra*, I, 8; *Hitopadeça*, IV, 7.

- XIXe siècle. Écriture javanaise. 3 olles de 570 × 36 mm., 3 et 4 l.

219 (Malais-Javanais 181.)

Râmâyaṇa.

Fragment. — En kawi.

XIXe siècle. Écriture javanaise. 7 olles de 360 × 32 mm., 4 l.

220 (Malais-Javanais 182.)

Histoire de Pañji (?)

En kawi.

XIXe siècle. Écriture javanaise. 96 olles de 450 × 36 mm., 4 l.

221 (Malais-Javanais 183.)

Histoire de Ménak.

Ms. sur *glugu* (papier de *Broussonetia papyrifera* Vent.), provenant de la bibliothèque du râja de Lombak.

XVIIIe siècle. Écriture javanaise. Papier javanais. 220 pages de 270 × 375 mm., 20 l. Demi-rel. parchemin.

222 (Malais-Javanais 184.)

Fragment, sans titre, en kawi.

XIXe siècle. Écriture javanaise. 19 olles de 280 × 40 mm., 4 l.

223 (Malais-Javanais 185.)

Lettre du sultan (malais) ʿAbd ed-Djelil à Louis XV.

Une traduction contemporaine est jointe à cette lettre.

XVIIIᵉ siècle. Écriture neskhi. Papier européen. 350×220 mm., 11 l.

224 (Malais-Javanais 186.)

Nabi Yusup.

En vers javanais.

XVIIIᵉ siècle. Écriture javanaise. 98 olles de 350 × 40 mm., 4 l.

225 (Malais-Javanais 187.)

Praçasti (Donation à un établissement religieux).

Fragment. — En kawi.

XIIᵉ siècle. Plaque de cuivre de 333 × 133 mm., 8 l. sur chaque face 25 à 30 akṣ. (Ancien Cambodgien 58.)

226 (Malais-Javanais 188.)

حكاية ايندرا لقسان *Ḥikâyat Indrâ Laksâna.*
Histoire d'Indra Laksana.

Cf. Dr. Ph. S. van Ronkel, *Catal.*, pp. 190-191.

XIXᵉ siècle. Écriture neskhi. Papier européen, 195 × 320 mm., 178 feuillets, 19 à 28 l.

227 (Malais-Javanais 189.)

حكاية ايندرا ليلا بغساوان *Ḥikâyat Indrâ Leilâ Bangsâwân.*
Histoire d'Indra Bangsawan.

Cf. Dr. Ph. S. van Ronkel, *Catal.*, pp. 190-194.

XIXᵉ siècle. Écriture neskhi. Papier européen, 220 × 350 mm., 96 feuillets, 20 l.

228 (Malais-Javanais 190.)

حكاية مهراج بكرم ايندرا *Ḥikâyat mahârâja Bikrama Indrâ.*

Rédaction différente de l'*Ḥikâyat Mahârâja Bikrama
Sakti?* Cf. Dr. Ph. S. van Ronkel, *Catal.*, pp. 135-138. —
Incomplet.

XVIIIᵉ siècle. Écriture neskhi. Papier européen, 200 × 315 mm.,
66 feuillets, 22 l.

229 (Malais-Javanais 191)

حكاية بوجغ *Ḥikâyat Bûjang.*
Histoire de Boudjang.

1865. Écriture neskhi. Papier européen, 160 × 200 mm., 52 feuillets,
15 l.

230 (Malais-Javanais 192.)

حكاية فنـﭽ كود سوميرغ *Ḥikâyat Panji Kûda Sûmîrang.*

Histoire de Pañdji Kouda Soumirang (ou Samwirang),
adaptation malaise d'une légende javanaise.

XVIIIᵉ siècle. Écriture neskhi. Papier européen, 200 × 315 mm.,
160 feuillets, 21 l.

231 (Malais-Javanais 193.)

حكاية ابليس دان نبي *Ḥikâyat Iblîs dân Nabî.*
Histoire d'Iblîs et du Prophète. Légende sur un entretien
d'Iblîs avec Mahomet.

XIXᵉ siècle. Écriture neskhi. Papier européen, 175 × 220 mm.,
11-12 feuillets, 15 l.

232 (Malais-Javanais 194.)

Traité de théologie mystique.

En malais, avec de nombreuses citations arabes. Achevé à
la Mecque, le mardi 5 muḥarram 1192 (2 février 1779).
Incomplet des 1ᵉʳ, 2ᵉ, 4ᵉ, 5ᵉ et 15ᵉ fascicules.

1779. Écriture neskhi. Papier européen, 165 × 235 mm., 116 feuillets, 15 et 21 l.

233 (Malais-Javanais 195.)

كتاب حكمة اوبت دان جيمت *Kitâb ḥikmat obat dan jîmat.*

Recueil de recettes médicales, amulettes, prières et figures mystiques.

XVIIIᵉ siècle. Écriture neskhi. Papier européen. 165 × 210 mm., 72 feuillets, 13 à 15 l.

234 (Malais-Javanais 196.)

Spéculations mystiques sur les lettres de l'alphabet.

XIXᵉ siècle. Écriture neskhi. Papier européen. 170 × 220 mm., 15 feuillets, 9 à 14 l.

235 (Malais-Javanais 197.)

Fragments mystiques, en malais et en arabe.

Amulettes. — Poésies mystiques. — Mystique et vertus spéciales des lettres.

XVIIIᵉ siècle. Écriture neskhi. Papier européen, 155 × 205 mm., 38 feuillets, 11 à 21 l.

236 (Malais-Javanais 198.)

Traité mystique, en *pégon* (javanais en caractères arabes).

XVIIIᵉ siècle. Écriture neskhi. Papier de *glugu* (Broussonetia papyrifera Vᴇɴᴛ), 150 × 205 mm., 24 feuillets, 13 l.

237 (Malais-Javanais 199.)

I. Recettes médicales, amulettes et mantras curatifs.

II. Fragment d'un traité mystique sur les attributs de Dieu.

En malais.

XVIIIᵉ siècle. Écriture neskhi. Papier européen. 165 × 210 mm., 39 feuillets, 7 à 15 l.

238 (Malais-Javanais 200.)

Prières et poésies mystiques, en arabe, avec des indications liturgiques en malais.

XVIIIᵉ siècle. Écriture neskhi. Papier européen, 165 × 205 mm., 19 feuillets, 9 l.

239 (Malais-Javanais 201.)

Fragments mystiques et théologiques, en arabe et en malais.

Catégories philosophiques. — Attributs d'Allâh. — Amulettes. — Poésies et litanies mystiques.

XVIIIᵉ siècle Écriture neskhi. Papier européen, 155 × 200 mm., 48 feuillets.

240 (Malais-Javanais 202.)

Primbon.

En javanais.

XIXᵉ siècle. Écriture javanaise. Papier européen, 170 × 215 mm., 133 feuillets, 14 l.

241 (Malais-Javanais 203.)

الآجرّومية *Al-Ajorrûmiya.*

L'*Adjorroûmiya*, traité de grammaire arabe, composé par Moḥammad ibn Dawoùd al-Ṣinhâdjî, surnommé *Ibn Adjorroûm* (ابن أجروم).

Avec des notes en *pégon* (javanais en caractères arabes).

XVIIᵉ siècle. Écriture neskhi. Papier de *glugu*, 190 × 265 mm., 76 feuillets, 5 à 17 l.

242 (Malais-Javanais 204.)

حكاية سلطان طاهير علم *Ḥikâyat sulṭân Ṭâhîr ʿAlam.*

Histoire du sultan Ṭâhîr ʿAlam.

1865. Écriture neskhi. Papier européen, 220 × 340 mm., 71 feuillets, 17 l.

243 (Océanien 1.)

Grammaire tahitienne.

Traduit de l'anglais par Ed. Dulaurier.

1846. Papier, 5o feuillets de 195 × 255 mm. D.-rel. toile.

244 (Océanien 2.)

« Vocabulario de la lengua tagala, compuesto por el Padre Fr. Francisco de S. Joseph, de la Orden de S. Domingo. »

Tagal-espagnol et espagnol-tagal.

XVIIe siècle. Papier européen et chinois, 451 et 54o pages de 2oo × 29o mm., 33 l. Rel. parch.

ADDENDA AU CATALOGUE SOMMAIRE

DES

MANUSCRITS SANSCRITS

1103

Praçnajyautiṣa.

XIX⁰ siècle. Écriture télugu. 96 olles de 165 × 3o mm., 5 l.

1104

Haṃsamantra.

XVIIIᵉ siècle. Écriture grantha. 5 olles de 225 × 3o mm., 5 l.

1105

Mālavikāgnimitra, par Kālidāsa.

XIXᶜ siècle. Écriture grantha. 29 olles de 385 × 35 mm., 7 l.

1106

Pārvatīpariṇaya, par Bāṇa.

XIXᶜ siècle. Écriture grantha. 2o olles de 3oo × 3o mm., 7 l.

1107

Vasantatilakabhāṇaḥ ou *Ammālubhāṇaḥ,* par Varadā-
cārya ou Ammālācarya.

XVIIIᶜ siècle. Écriture grantha. 2o olles de 415 × 4o mm., 8 l.

1108

Nyāyarakṣāmaṇiḥ, par Appayadīkṣita.

XVIIIe siècle. Écriture grantha. 23 olles de 370 × 40 mm., 10 l.

1109

Rudrādhyāya, avec le commentaire de Bhaṭṭabhāskara.

XVIIIe siècle. Écriture grantha. 30 olles de 285 × 35 mm., 8 l.

1110

Ekagnikāṇḍa, avec le commentaire de Haradatta.

1re partie.

XVIIIe siècle. Écriture grantha. 22 olles de 375 × 35 mm., 7 à 9 l.

1111

Taittirīyāraṇyaka, avec le commentaire de Sāyaṇa.

Prapāṭhaka II et III.

XVIIIe siècle. Écriture grantha. 66 olles de 245 × 35 mm., 8 l.

1112

Çulbasūlrabhāṣya, par Sundararāja.

XVIIIe siècle. Écriture grantha. 36 olles de 410 × 35 mm., 8 .

1113

Çāstradīpikā, par Pārthasārathimiçra.

Adhyāyas 4 à 7 et une partie du 8e. — Incomplet.

XVIIIe siècle. Écriture grantha. 98 olles de 400 × 35 mm., 8 l.

1114

Ākhyātacandrikā, par Bhaṭṭamalla?

Kāṇḍa I. — Incomplet.

XVIIIe siècle. Écriture grantha. 6 olles de 375 ✕ 35 mm., 10 l.

1115

I. *Nyāyabhāṣya.*
II. *Guṇabhāṣya.*

Ces deux ouvrages, qui forment un volume distinct, avaient été réunis, par erreur, au n° 874, où ils ne doivent plus figurer.

1730. Écriture bengalie. Papier indien. 7 et 39 feuillets de 345 ✕ 65 mm., 4 l. Rel. v. (Sanscrit Bengali 91 A B.)

1116

Vedāntasāra, par Sadānanda Yogīndra.

XVIIIe siècle. Écriture bengalie. Papier indien. 31 feuillets de 350 ✕ 65 mm., 4 l. Rel. v. (Sanscrit Bengali 159 D.)

1117

Bhagavadgītā, avec le commentaire de Rāmānuja.
Chapitre III.

XIXe siècle. Écriture nāgarī. Papier indien, 270 ✕ 140 mm., 24 pages. 11 l. 35 à 45 akṣ.

1118

Mughdabodha.

XVIIIe siècle. Écriture bengalie. Papier indien, 139 feuillets de 95 ✕ 340 mm., 4 l. (Sanscrit Bengali 245.)

1119

Mānasollāsa.

Traité de philosophie *vedānta*, par Someçvaradeva.

1910. Écriture nāgarī. Papier européen, 334 feuillets de 210 ✕ 345 mm., 35 l.

1120

Vāstuvidyā.

Traité d'architecture.

1910. Écriture nāgarī. Papier européen, 36 feuillets de 200 × 310 mm., 22 à 28 l.

1121-1122

Mayamata.

Traité d'architecture. — Sanscrit-tamoul.

1910. Écriture nāgarī et tamoule. Papier européen, I. feuillets 1-240 ; II. feuillets 241-464, 210 × 345 mm., 25 à 30 l.

II. COLLECTION EUGÈNE BURNOUF

(Suite et fin)[1].

1123 (Burnouf 38.)

Vedānta.

1834. Écriture nāgarī. Papier européen, 210 × 150 mm., 46 pages, 17 l.,
18 à 20 akṣ. D.-rel.

1124 (Burnouf 39.)

Vedāntaçāstra.

XIXᵉ siècle. Écriture nāgarī. Papier indien, 150 × 205 mm., 74 pages.
Imprimé. Rel. veau.

1125 (Burnouf 49.)

Pañcatantra mahārāṣṭra.

XIXᵉ siècle. Écriture nāgarī. Papier indien, 260 × 180 mm., 455 pages,
10 l., 28 à 30 akṣ. D.-rel.

1126 (Burnouf 50.)

Hāsya arṇava.

XIXᵉ siècle. Écriture bengalie. Papier indien, 260 × 105 mm., 46 pages,
7 l., 45 à 50 akṣ. D.-rel.

1127 (Burnouf 52.)

Copies d'inscriptions indiennes.

XIXᵉ siècle. Écriture nāgarī. Papier indien, 225 × 335 mm., 16 pages.
Cart.

1. Voir le fascicule I, p. 178-189.

1128 (Burnouf 54.)

« Catalogue des Manuscrits sanskrits de la Bibliothèque royale, par S. Munk, 1844. »

Cahier de 160 × 125 mm., 158 pages écrites. Cartonné.

1129 (Burnouf 166.)

Cinq alphabets de l'Inde : 1° devanāgarī; 2° grantha; 3° télinga; 4° singhalais; 5° tamoul, avec les lettres arabes correspondantes.

XIXe siècle. Papier européen, 200 × 315 mm., 68 pages, 14 à 20 l., 8 à 40 akṣ. D.-rel.

1130 (Burnouf 186.)

[*Kural*, par Tiruvalluvar; traduction anglaise de T. W. Ellis. — Madras, 1820, in-4 (180 × 230 mm.) 304 pages.]
Rel. veau.

(Le titre manque.)

1131 (Burnouf 187.)

Pañcatantram (Kathai), traduction tamoule du Pañca-tantra. — Madras, 1830? in-4 (185 × 285 mm.), 53 feuillets.
Rel. veau.

1132 (Burnouf 188.)

« Traduction interlinéaire du *Pantcha Tandra*, par Frédéric Lemeray Beauchamps, procureur du roi à Karikal (Indes Orientales). »

1831. Écriture tamoule. Papier européen, 325 × 205 mm., 72 pages, 39 l., 38 à 40 akṣ. D.-rel.

1133 (Burnouf 189.)

Saturakarati, ou quadruple trésor de la langue tamoule, par le P. Beschi. — Madras? (s. d.), in-4 (180 × 270 mm.), 278 feuillets.
Rel. veau.

1134 (Burnouf 190.)

« Vocabulaire anglais-tamoul, traduit en français. »

10 pages seulement ont été traduites, le reste du ms. n'est composé que de phrases tamoules disposées en colonnes ; la colonne de gauche, préparée pour recevoir la traduction française, est restée en blanc.

XIXe siècle. Écriture tamoule. Papier européen, 235 × 190 mm., 260 p. (205 écrites), 26 l., 6 à 20 aks. Rel. veau.

1135 (Burnouf 191.)

Grammaire française-tamoule. — *Pondichéry, impr. de la Mission catholique* (s.d.), in-8 (110 × 175 mm.), 101 feuillets.

Cartonné.

1136 (Burnouf 192.)

Grammatica latino-tamulica (fecit Clemens Bonnand...). — *Pondichéry, impr. de la Mission catholique* (s. d.), in-8 (110 × 175 mm.). 125 feuillets.

Cartonné.

1137 (Burnouf 193.)

« Vocabulaire et exercices anglais et tamouls, par Lemeray Beauchamps. »

1839 ? Écriture tamoule. Papier européen, 195 × 245 mm., 189 feuillets, 27 l., 10 à 20 aks. D.-rel.

1138 (Burnouf 194.)

« Exercices en tamoul et en telougou, par Lemeray Beauchamps. »

1831 ? Écritures tamoule et telugu. Papier européen, 190 × 245 mm., 168 pages, 28 l., 12 à 40 aks. D.-rel.

1139 (Burnouf 195.)

« Nouvelles conversations françaises et tamoules par Lemeray Beauchamps. »

1831. Écriture tamoule. Papier européen, 190 × 245 mm., 203 pages 28 l., 12 à 30 akṣ. D.-rel.

1140 (Burnouf 196.)

« Vocabulaire français et malabar ou tamoul, fait par Frédéric Lemeray Beauchamps, procureur du roi à Karikal (Inde). »

1831. Écriture tamoule. Papier européen, 205 × 320 mm., 28 pages à 2 colonnes, 36 l., 12 à 16 akṣ. D.-rel.

1141 (Burnouf 217.)

Essai sur l'Indoustan ou Empire Mogol, tiré de plusieurs historiens et géographes indiens à Faisabad, capitale de la province d'Avad, [par Legentil]. — Versailles, 1785, in-fol. (250 × 320 mm.), 292 pages.

1785. Papier européen, 220 × 320 mm., 292 pages, 28 l. Cartonné.

TABLE ALPHABÉTIQUE

DES TITRES DES MANUSCRITS INDIENS

I. — **Manuscrits tamouls, télingas, canaras
et malayalas.**

Aṭavidyapadyâlu, 59r.
Âttic'c'udippurânam, 292.
Âttisûḍi, 64, 65, 386.
Ayiratton'd'uvayittiyappérunûl, 118.

Bagavadam, 257-258, 259, 260.
Bagavadattildasamaskandam, 256.
Bagavadgitalu, 609.
Bagavargidæ, 68.
Bagavat'kidei, 390.
Bâradasillar'æ, 272.
Bhagavataṁ, 606.
Bogar ejumuru, 514.
Brahmâṇḍapurâṇa (Extraits). 321.

Çavabhavanabhâṣaṇa vyâkhyânaṁ.
Challâpam, 450.
Çivadarumôttirakâviyam, 12, 13, 14.
Çivajñâsuvâmi, 175, 176, 177, 178-180.
Çivappiragâsakkur'untiraṭṭu, 18.
Çrîbâgavadam, 254-255.

Dævaparikṣa, 630.
Darkadâvaṁ, 585.
Dasakâriyam, 25.
Déṣṣanâmùrttinâyan'ârsolliyasagalakalækkiyân'am, 85.
Dharmarâjac'c'aritraṁ, 617-618.
Dîṣṣâvidi, 101, 102, 103, 128.

Eḍakkâṭṭarsùttiram, 111.
Ègamulisâstiram, 100.
Éjuvagættôttiram, 37, 41.
Éṇsuvadi, 433.
Êṣṭâkkéṇṇum pirivuḷân'sarittiram, 471.
Éstâkkiyârammân'æ, 485.

Gajendramokṣaṇam, 607, 608.

Hari ôm, 45.
Hari ôm kir'agasindâmaṇi, 92.
Hari ôm vayittiyasâstiramnâḍinîdânam, 120.
Haric'c'avadi, 386.

Ojiviloḍukkam, 28, 71.

Padañjalinayan'ârtiruppugaj, 345.
Padârttakuṇavâgaḍam, 123, 124.
Padârttasindâmaṇi, 125.
Padin'eṭṭunâlæyabâradam, 266.
Padiṇorâvaduniganḍu, 519, 558.
Padipasupâsaviḷakam, 26, 33.
Pâḍutur'æ, 21.
Pagalûrandâdi, 386.
Palavagæc'c'éyuḷ, 28.
Pan'mâvaḍikur'ippu, 444.
Pañcatantra, 616.
Pañjadikkâram, 28.
Pañjadisappir'agaraṇam, 44, 45.
Pañjâkkarakkur'al, 28.
Pâñjâkkarakkur'i, 36.
Pañjakaraṇam, 27.
Pañjamugac'c'akkaram, 28.
Pañjapaṣṣisarittiram, 98 (2 ex.).
Pañjapûdakkaṭṭukkuc'c'aṭṭumûligækkaṭ'pam, 136.
Pañjapûdamar'iya, 136.
Pañjarattinapûbadimâlæ, 134.
Pañjaṣṣaragurppam, 40.
Pañjaṣṣarvuṇmæ, 40.
Pañjatandiram, 411, 412, 510.
Pañjatandirakadæ, 409, 410.
Pañjatandirakadæpâḍal, 413, 414.
Pañjâtsarakkalappam, 35.
Pañjikaraṇam, 27.
Pâradam, 271.
Paramaragasiyac'c'aḍaṭṭalam, 19.
Parapaṭsamsubaṭsam, 25.
Parattæyarmâlæ, 408.
Pasîgaramûligævivaram, 133.
Paṣṣiṇi, 102.
Pasæ sillaræ, 168.
Pat'palavagævættiyam, 102.
Paṭṭaṇ'attupiḷḷæpâdal, 28.
Pâṭṭiyal, 198.
Périyapurâṇam, 293, 294. 295, 506, 531, 532.
Périyatirumoji iraṇḍâvadâyiram, 360.

Table alphabétique des matières.

Traductions et extraits d'ouvrages tamouls, 167.

Versailles (Traité de), de 1743, en tamoul, 143.
Vingua Dassalame (Poème de), 633.
Vocabulaire. — Voir Dictionnaire.

II. — Manuscrits indiens.

Yajurveda, 765.
Yeka dechi mahatmiye bhakar, 663.
Yūsuf Zulaikhā, 856, 876.

Table alphabétique des matières.

Almanach indien, 844.
Alphabets indiens, 858.
Alphabetum grandonico-malabaricum, 728.
Assam (Histoire d'), 853.
Astronomie (Traité d'), en bengali, 815. — Fragment astronomique, 886.

Bengali (Poème en), 712.

Calendrier hindou, 711.
Catalogues de livres hindoustanis et persans, 838.
Catéchisme moral du Malabar, 752.
Chrétienne (Doctrine), 724. — Chrétiennes (Prières et formules), 723.

Dictionarium... samscredonico-malabaricum, 737. — Dictionnaire abrégé
    françois et bengale, 729. — Dictionnaire françois et maure, 841, 842. —
    Voir Vocabulaire.
Divinités hindoues (Figures de), 753, 754.
Divinités et souverains de l'Inde (Figures coloriées de). 724.

Flos sanctorum, 779.

Grammaire maure, 843.
Guzerati (Notes diverses en), 762, 763.

Hindi (Poèmes en), 698. — Traité de prosodie, en hindi, 882.
Hindoo mythology (Illustrations of), 735.
Hindoustanis (Biographies de poètes), 857.
Hindoustani (Contes en), 829. — Poésies, 836, 846, 848.
Hymnes et chants populaires indiens, 642.

Inde (Castes et professions de l'), 743. — Mémoire historique sur l'Inde,
    679. — Copies d'inscriptions de l'Inde, 734, 790-795, 798. — Fac-
    similés d'inscriptions de l'Inde, 757.
Islamisme (Pratiques et cérémonies de l'), 816. — Traités sur l'Islamisme,
    850, 861, 862.

Jurisprudence musulmane, 816.

Litanies musulmanes, 837.

III. — Manuscrits singhalais.

Asadrisajātakakavipota, 904.

Bhesajjamañjusāsannaya, 924.

Çatapenairyāpayāyi, 909.
Caturmahārājikaya, 909.

Dahamsoṇḍakathāva, 909.
Dampiyāva, 895.
Dharmapālajātakaya, 909.
Dharmapradīpikā, 896.

Élu (Poème en), 926, 928·

Jātaka (Fragment), 892.
Jātaka-pota, 897, 900.
Jātakaṭṭhakathā, 897, 900.
Jātakatthavaṇṇanā, 897-900.

Kavyā saṅgraha pota, 927.

Lila grahala, 922.

Mahābhinikamaṇa, 909.
Majjhimanikāya, 906.
Mantras, 934.
Mārayuddhayayi, 909.

Nidānavastu, 905.

Pansiya-paṇas-jātaka-pota, 897-900.

Rājavaliya, 890.
Rasavāhmī, 905.
Ratanāvaliya, 895.

Saddharmālaṅgkāraya, 905.
Saddharmaratnāvaliya, 895.
Sadevuloka, 909.

Sakalavidyā, 931.
Satsatiyavuhetiya, 909.
Sidatsaṅgarā, 913, 914·
Sulurājavaliya, 891.
Sūvisivivaraṇa, 909.

Ummaggajātaka, 901, 902.

Vessantarajātaka, 909.
Vessantarajātakaya, 903.
Vimānavastu, 907.

––––––––

Amulettes et charmes, 920.
Astrologie, 921, 923.

Calendrier, 919.
Calendrier comparé, 936.

Diagrammes magiques, 918 .

Falck (Lettres des nobles de Kandy à J. W.), 935.

Grammaire, 916, 917. — Fragment grammatical, 894.

Lettres des nobles de Kandy à I. W. Falck, 935.

Syllabaire singhalais, 910, 911, 912.

TABLE ALPHABÉTIQUE

II. — Manuscrits cambodgiens.

III. — Manuscrits chams.

IV. — Manuscrits laotiens.

V. — Manuscrits lolos.

VI. — Manuscrits siamois.

TABLE ALPHABÉTIQUE

DES

TITRES DES MANUSCRITS MALAYO-POLYNÉSIENS

Singapore (Poème sur l'incendie de), 158.
Sûfî (Traité), 31, 35.
Suppon of Chairebôn (Genealogy of), 132.

Tagala (Vocabulario de la lengua), 244).
Théologie mystique, 143, 232.

I. — Addenda au catalogue sommaire des Manuscrits sanscrits.

Ammālubhāṇaḥ, 1107.
Ākhyātacandrikā, 1114.
Ekagnikāṇḍa, 1110.
Guṇabhāṣya, 1115.
Taittirīyāraṇyaka, 1111.
Nyāyabhāṣya, 1115.
Nyāyarakṣāmaṇiḥ, 1108.
Pārvatīpariṇaya, 1106.
Praçnajyautiṣa, 1103.
Bhagavadgītā, 1117.

Mayamata, 1121, 1122.
Mānasollāsa, 1119.
Mālavikāgnimitra, 1105.
Mughdabodha, 1118.
Vasantatilakabhānaḥ, 1107.
Vāstuvidyā, 1120.
Vedāntasāra, 1116.
Çāstradīpikà, 1113.
Çulbasūtrabhāṣya, 1112.
Haṃsamantra, 1104.

II. — Collection Eugène Burnouf
(suite & fin).

Kural, 1126.
Pañcatantra, en tamoul, 1127, 1128.
Pañcatantra mahārāṣṭra, 1121.
Vedānta, 1119.
Vedāntaçāstra, 1120.
Saturakarati, 1129.
Hāsya arṇava, 1122.

Alphabets indiens, 1125.

Conversations tamoules, 1135.
Exercices, en tamoul, 1134; — en telougou, 1134.
Grammaires tamoules, 1131, 1132.
Indoustan (Essai sur l'), 1137, Inscriptions indiennes, 1123.
Munk. Catalogue de manuscrits sanskrits, 1124.

TABLE

I. — Manuscrits Indiens.

II. — Manuscrits Indo-Chinois.

III. — Manuscrits Malayo-Polynésiens.

ANGERS. — IMPRIMERIE ORIENTALE A. BURDIN ET Cⁱᵉ, 4, RUE GARNIER.